ÉTUDES

SUR

LA RÉFORME ET LES SYSTÈMES PÉNITENTIAIRES

CONSIDÉRÉS AU POINT DE VUE

MORAL, SOCIAL ET MÉDICAL

PAR LE Dr J. CH. HERPIN (DE METZ.)

Lauréat de l'Académie des sciences, de l'Académie de médecine,
de la société Impériale et centrale d'Agriculture, de l'Académie de Lyon;
Membre du conseil de l'association Internationale pour le progrès
des sciences sociales; de la société pour l'encouragement
de l'Industrie nationale; Président honoraire de la société pour l'instruction
élémentaire; ancien Conseiller général; Officier de l'instruction publique.

« Les Établissements Pénitentiaires doivent être considérés comme des hôpitaux dans lesquels on soigne des malades atteints d'infirmités morales plus ou moins graves.

PARIS

GUILLAUMIN ET Cie, RUE DE RICHELIEU, 14

J. B. BAILLIÈRE ET FILS, RUE HAUTEFEUILLE, 19.

1868

A Son Excellence
Monsieur Rouher
hommage de l'Auteur
Dr. Lespinasse

ÉTUDES

SUR LA RÉFORME ET LES SYSTÈMES

PÉNITENTIAIRES

ETUDES

SUR

LA RÉFORME ET LES SYSTÈMES PÉNITENTIAIRES

CONSIDÉRÉS AU POINT DE VUE

MORAL, SOCIAL ET MÉDICAL

PAR LE Dr J. CH. HERPIN (DE METZ.)

Lauréat de l'Académie des sciences, de l'Académie de médecine, de la société Impériale et centrale d'Agriculture, de l'Académie de Lyon; Membre du conseil de l'association Internationale pour le progrès des sciences sociales; de la société pour l'encouragement de l'Industrie nationale; Président honoraire de la société pour l'instruction élémentaire; ancien Conseiller général; Officier de l'instruction publique.

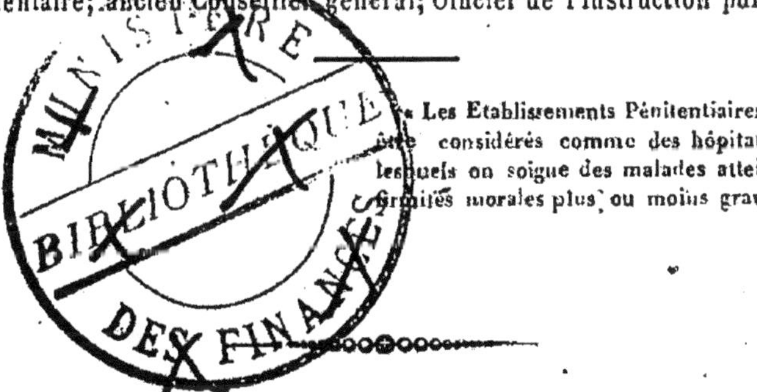

« Les Etablissements Pénitentiaires doivent être considérés comme des hôpitaux dans lesquels on soigne des malades atteints d'infirmités morales plus ou moins graves.

PARIS

GUILLAUMIN ET Cie, RUE DE RICHELIEU, 14

J. B. BAILLIÈRE ET FILS, RUE HAUTEFEUILLE, 19.

1868

ÉTUDES

SUR LA

RÉFORME ET LES SYSTÈMES PÉNITENTIAIRES

CONSIDÉRÉS AU POINT DE VUE

MORAL, SOCIAL ET MÉDICAL.

PREMIÈRE PARTIE

INTRODUCTION

De la criminalité. — De la répression en général. — Des pénalités.

En se réunissant, pour se constituer en société, les hommes ont établi entre eux, des conventions, à l'effet de garantir et d'assurer à chacun la sécurité de sa personne et de sa famille, ainsi que la jouissance paisible des fruits de son travail.

C'est une loi fondamentale, sans laquelle la société humaine ne pourrait subsister.

Mais il y a des hommes ignorants, qui n'ont pas la moindre notion des obligations imposées à tous par les lois sociales qui les protégent. Il y en a d'autres, en petit nombre heureusement, chez lesquels, le sentiment de la conscience, de la justice et du devoir envers les autres, est plus ou moins comprimé, oblitéré, étouffé par les mauvaises passions, par des instincts pervers et qui troublent l'ordre public, en portant atteinte à la sécurité, aux droits ou à la propriété des autres.

Le droit des hommes réunis et constitués en société est de prendre les mesures nécessaires pour assurer leur repos et leur tranquillité, pour maintenir l'ordre qui est indispensable à l'existence de la société.

La communauté humaine a non-seulement le droit, mais de plus elle a le devoir de se conserver, c'est-à-dire de se protéger, de se défendre contre ceux qui l'attaquent violemment et qui se mettent en état de rébellion contre elle.

Les infractions aux conventions générales, aux lois qui régissent la société humaine, doivent être énergiquement réprimées pour le bien et l'intérêt communs.

Tel est l'objet de la législation pénale, ainsi que des punitions juridiques, dont l'intensité varie en raison de la gravité des attentats commis, soit sur la personne, soit sur la propriété d'autrui.

Les *lois pénales* ont donc pour but la conservation de l'ordre social, et les lois de *Procédure criminelle* servent à la recherche des coupables qui ont troublé la société par des crimes.

Nous venons de dire que la société a le devoir de veiller à sa conservation; qu'elle a par conséquent le droit de se protéger, de se défendre contre les malfaiteurs, de réprimer les crimes et de punir les coupables; mais, jusqu'où va ce droit?...

La société a-t-elle un pouvoir absolu, illimité? a-t-elle le droit de tortures, de cruautés, de mort sur ses membres?... Assurément non.

Ce droit a des limites; ce sont celles que lui assignent la raison, la justice et l'humanité. Il faut mettre dans la balance les droits et les devoirs de la société envers les coupables, et réciproquement, ceux des coupables envers la société.

La société a le droit et le devoir de punir; mais elle doit en même temps concilier la nature et la gravité de la peine avec les principes de l'humanité, de la justice et de la civilisation.

Le droit de punir ne saurait dépasser certaines limites; autrement ce serait de la *vengeance*. La société appliquerait ainsi la loi du talion que nos mœurs repoussent aujourd'hui. Le droit que la société possède, c'est celui de se défendre contre le mal que peut lui faire le violateur de ses lois; elle a aussi le droit de lui demander compensation du dommage qu'il a causé.

Mais si c'est la société elle-même, qui est la cause première de la faute dans laquelle est tombé le coupable, ce qui arrive souvent, n'est-il pas juste que ce droit soit tempéré, limité? Dans ce cas, la société doit se reconnaître plutôt le devoir de régénérer que le droit de punir.

La société n'est-elle pas elle-même pour une

part dans le crime, lorsque par sa faute, à elle, le coupable est ignorant de ses devoirs sociaux?... Elle en est solidaire et directement responsable ; ce crime qu'elle punit est le sien: dans cette expiation, une part lui revient ; c'est la plus forte, car elle est intelligente. Quand elle exerce le droit de punir, elle devrait être sévère pour sa propre faute, plus clémente et plus humaine dans la répression.

La peine a un double objet :

1° La répression, qui doit être proportionnée à la gravité du crime ou délit.

2° L'amélioration morale, la régénération des criminels qui, après l'expiration de leur punition, doivent rentrer dans le sein de la société.

Jusqu'à ces derniers temps, on n'avait eu d'autre but dans la législation pénale, que la répression, le châtiment, la punition ; on ne s'était nullement occupé d'amender les coupables. C'est cette seconde partie du programme qui est l'objet de la réforme pénitentiaire.

De quelle manière la société peut-elle et doit-elle exercer son droit de réprimer et de punir les crimes ?

Ici, deux opinions diamétralement opposées sont en présence :

1° Le système de l'intimidation, des rigueurs, des châtiments corporels, des pénalités excessives; c'est celui de l'ancienne magistrature.

2° Celui de la clémence, de la douceur, de l'amendement et de la moralisation des condamnés; c'est vers cette dernière opinion que les bons esprits semblent vouloir se diriger aujourd'hui.

« Cependant, fait observer Demetz (1), à diverses époques, des hommes dont le souvenir est cher à l'humanité ont consacré leurs travaux à l'amélioration du régime des prisons; mais leurs soins dirigés dans un but de philanthropie, peut-être trop exclusive, n'ont amené d'autres résultats que de procurer quelques adoucissements à l'état physique des détenus.

« L'augmentation qui s'est produite dans le chiffre des délits, a en grande partie pour cause, cette fausse philanthropie qui, au lieu de l'amélioration du régime moral des prisons, ne s'est occupée que d'améliorer les conditions physiques des prisonniers. On a oublié, qu'améliorer le régime des prisons, c'est le rendre plus efficace, mais non plus agréable pour les détenus. »

« On a vu des individus, des femmes surtout, passer de longues années en prison, sans s'être amendées (2), quelques-unes parmi ces dernières semblent y avoir *pris plaisir*, puisqu'elles y ont été renvoyées un grand nombre de fois, et, malgré la rigueur du régime, elles s'y sont parfaitement bien accoutumées. » (Marquis de la Rochefoucauld-Liancourt).

(1) Lettres sur le système pénitentiaire.

(2) Mais a-t-on fait quelque chose pour cela ? H.

Suivant l'opinion des partisans du premier système, il faut réprimer énergiquement, punir sévèrement; c'est par la rigueur, l'intimidation, la crainte, les châtiments corporels, qu'il faut agir sur les coupables si on veut les corriger et leur ôter le désir de recommencer.

« Il faut, dit Ayliès (1), conseiller à la Cour de Paris, un régime moral violent, terrible, impitoyable. Ce n'est pas trop des longues angoisses de l'épreuve pénitentiaire dans sa plus inflexible rigueur, pour que l'âme du détenu, brisée, affaiblie, luttant encore, mais usant ses dernières forces dans cette lutte inégale et désespérée, se rende enfin, après le dernier combat. »

« On s'abuse, dit V. Foucher, sur la fin de la peine et sur le caractère des malfaiteurs, car l'expérience de chaque jour prouve que les perturbations sociales, loin d'éveiller dans le cœur des misérables, en guerre ouverte avec la société, le moindre sentiment de sympathie, ne sont pour eux qu'une occasion de désordres, qu'un moyen d'échapper à la règle qui les enchaîne, à la prison qui les retient. Chaque malheur public est une source d'espérance pour les malfaiteurs, et a son contre-coup dans les lieux de détention. »

« Les hommes d'abstraction, mus sans doute par des intentions excellentes, ne doivent point perdre de vue, que, si les criminels ont droit à la

(1) *Du système Pénitentiaire*, page 117.

pitié, les honnêtes gens à leur tour ont droit à la protection; et que la vie d'un citoyen sans reproche, vaut bien la peine d'éloigner dix criminels, du genre de ceux qui, selon les paroles du Dante, *sortirent du tombeau, le poing fermé et menaçant* (1). »

Par respect pour la dignité humaine, dit M. Diard, ancien président de la Cour de Riom, les châtiments corporels ont été abolis, et par un sentiment d'humanité nous avons supprimé toutes les atrocités qui précédaient ou accompagnaient le dernier supplice.

« Mais, ajoute cet éminent magistrat, quel respect la dignité humaine peut-elle inspirer en faveur de ces parents dénaturés, de ces monstres qui exercent sur leurs propres enfants, les actes les plus odieux de cruauté, qui leur font subir les plus mauvais traitements, les séquestrent dans des cachots infects, les maltraitent, les battent, jusqu'à leur déchirer les chairs, et les laissent mourir d'inanition?

« Comment répugnerait-on à leur appliquer sans miséricorde le martyre qu'ils ont fait souffrir à des êtres faibles et sans défense?

« L'Empereur Napoléon Ier, continue M. Diard, n'était pas convaincu que l'appareil des douleurs physiques n'inspirât pas une terreur salutaire au peuple; et, dans bien des circonstances, on a pu

(1) M. Gergères (Congrès de Bordeaux).

regretter que la loi ne permît pas d'infliger un châtiment immédiat et corporel, de préférence à l'emprisonnement, qui démoralise le coupable et qui arrête le cours de ses travaux au grand préjudice de sa famille. Certainement, bien des hommes redouteraient plus cette peine que la prison qui les prive seulement de leur liberté. Et toutes les infractions à l'ordre public qui prennent leur source dans la paresse, par exemple, le vagabondage et la mendicité, ne seraient-elles pas plus efficacement et plus moralement réprimés de cette manière ?

« Le fouet figure encore au nombre des peines que la législation anglaise permet d'appliquer aux condamnés du sexe masculin âgés de moins de 18 ans, soit publiquement, soit en particulier, suivant la gravité des cas : et dans le cours de 1861, le nombre des jeunes condamnés, auxquels les tribunaux ont infligé cette peine, n'a pas été moindre de 361.

« On a même souvent demandé, en Angleterre, qu'elle fût appliquée aux adultes, surtout pour les crimes honteux commis avec férocité et lâcheté. Les Anglais, hommes pratiques avant tout, savent que les beaux discours ne corrigent en aucune façon, et qu'on s'en moque. Ils ne craindraient pas le moins du monde d'atteindre, dans leur dignité d'homme, les barbares qui frappent avec brutalité les femmes et les enfants. »

Le fouet (*Whipping*), peine légale (1 Geor. IV,

cap. 57, § 2), et correction en usage encore dans la plupart des grandes écoles d'Angleterre, où sont élevés les enfants des meilleures familles des trois royaumes, diffère du supplice des coups de lanières (*flogging*), qui est réservé pour l'armée et pour la marine (1).

Pour justifier l'emploi du fouet, de la bastonnade et des châtiments corporels analogues, les partisans de ce mode de punition assimilent le coupable à un enfant qui a commis une faute, et ils le traitent comme tel, en lui administrant une correction corporelle, immédiate, énergique et capable de laisser un souvenir profond dans la mémoire du délinquant.

« N'est-ce pas ainsi, disent-ils, que l'on parvient à donner des habitudes d'obéissance et de propreté aux animaux domestiques, aux esclaves et même aux enfants ? Or, qu'est-ce qu'un homme

(1) Dans sa séance du 15 mars 1867, la chambre des communes d'Angleterre a voté, à la majorité d'une voix seulement, l'abolition des peines corporelles (*flogging*) dans l'armée de terre, en temps de paix. Toutefois le gouvernement n'a pas considéré cette opération comme décisive; dans la séance du 18, sir J. Pakington a déclaré que le cabinet ne pouvait pas considérer la majorité d'une voix sur 215 votants comme indiquant véritablement l'opinion des communes sur cette question, et qu'en conséquence il proposerait au parlement d'insérer dans le ***Mutiny bill*** une clause autorisant, dans certains cas spéciaux et bien déterminés, l'application de peines corporelles aux soldats. (***Moniteur du soir***, 22 mars 1867.)

qui viole les lois sociales, sinon un animal indompté qu'il faut courber sous le joug, un enfant indocile qu'il faut réduire, qu'il faut ramener à l'obéissance ?

« C'est un procédé qui atteint le coupable, cruellement peut-être, mais qui ne le blesse pas au moral, qui ne le désespère et ne le déshonore point. Il ne le corrompt pas en le mettant en contact avec d'autres criminels comme lui ; on le laisse à sa propre charge au lieu de le mettre à celle de la Société ; on ne l'enlève pas au monde où il pourra encore vivre en paix en se conduisant bien. C'est, en un mot, selon eux, un excellent moyen de bonne et prompte justice qui de plus est fort économique. »

Quant à nous, nous pensons que la philanthropie qui traite les hommes par la terreur et par les coups, ne peut rendre à la société que des êtres abrutis, dégradés et animés d'un vif désir de se venger. Croit-on qu'il soit possible, au moyen de la contrainte et des coups, d'obtenir la réforme et l'amélioration morale des coupables ? de les faire revenir de force par les menaces et les tourments à une vie sage et honnête, au lieu de chercher à les y ramener par la raison, des soins d'humanité pour le présent et par de sages précautions pour l'avenir !

Est-il donc absolument nécessaire de tyranniser, d'abrutir un homme pour le régénérer, pour le préparer à reprendre un jour sa place dans le sein de la société ? (1)

L'emploi des condamnés à des travaux publics en appelant le mépris général sur l'homme qu'il faudrait, au contraire, régénérer, élève ainsi, entre le condamné et la société, un mur infranchissable, en l'habituant à ne plus rougir.

Les peines perpétuelles, que l'on inflige dans

(1) On lit dans le journal *Le Siècle*, du 9 octobre 1866 : « Ces jours-ci, deux voleurs condamnés à cinq ans de détention avec l'addition du fouet pour vol avec violences sur la voie publique, ont dû passer par ce préliminaire avant d'entrer au pénitentier. Ces deux voleurs devaient recevoir dans la prison de Newgate, quarante coups de fouet ; on les a emmenés dans le préau, on les a dépouillés de leurs vêtements, on les a mis nus jusqu'à la ceinture et on les a couchés sur un banc en chêne, en leur attachant fortement les pieds et les mains à une barre sous le banc. Le bourreau armé d'un fouet avec des lanières de cuir, et des plombs appelé le chat à neuf queues, a fait tourner les neuf queues autour de sa tête et les a fait retomber sur le dos des condamnés, avec une telle précision, une telle vigueur, qu'au cinquième coup les victimes se sont mises à crier, et au dixième coup la peau était couturée, et le sang jaillissait ; au quinzième coup, des lambeaux de chair pendaient des deux côtés des épaules ; au vingtième le chirurgien de la prison, qui était présent, déclara que les condamnés ne pouvaient en supporter davantage, et que ce serait mettre leur vie en péril de leur en infliger quelques coups de plus. Les malheureux furent détachés du banc où ils restaient sans connaissance, et on les transporta à l'infirmerie. »

certains cas n'arrêtent guère les malfaiteurs de profession dans la consommation de leurs crimes par la triple raison, dit V. Foucher, qu'ils espèrent n'être pas arrêtés, s'échapper de leurs prisons ou obtenir leur grâce par leur conduite obséquieuse pendant la détention.

D'un autre côté, la perpétuité de la peine et le retour à la vie sociale, sont des principes inconciliables. En effet, de deux choses l'une : ou le condamné croit à la vérité de la pénalité, et alors toute espérance est éteinte dans son cœur, ce qui rend l'amendement impossible ; ou bien, le condamné sait qu'il ne subira pas toute la durée de sa peine, et alors la loi n'est plus qu'un mensonge ; par suite son prisme est brisé, elle perd toute son efficacité.

Il y a des philanthropes chrétiens, et certes leur opinion est respectable, qui sont d'avis que dans un grand nombre de cas, il suffirait d'infliger aux violateurs de la loi des peines purement *morales* :

« Dieu lui-même, disent-ils, n'a infligé au premier assassin fratricide qu'une peine morale, une *malédiction*, c'est-à-dire l'abandon du coupable à ses remords. Dans les premiers temps, les patriarches ne punissaient qu'en maudissant, et récompensaient en bénissant. C'est seulement à partir de Moïse que le peuple Hébreu applique des punitions vengeresses : « *Dent pour dent, œil pour œil, vie pour vie;* c'est le talion. Mais la loi mosaïque, enfantée au désert, ne personnifie que les sociétés anciennes et barbares, tandis que les sociétés modernes, appuyées sur la morale évangélique, doivent faire passer dans leurs mœurs et dans leurs lois l'esprit de clémence de cette morale sublime et tolérante qui n'exige des plus grands coupables, pour obtenir leur pardon, que l'*aveu*, la *confession* de leurs fautes, le *repentir* sincère, la pénitence du cœur, *Repentir* et *pardon*. »

Les peines morales, combinées avec leurs effets matériels, suffiraient, selon eux, pour garantir la société, punir le coupable, et l'obliger à s'amender. Ainsi la simple publicité donnée aux crimes ou aux délits, serait une pénalité morale très grave. Cette publicité, les partisans de la pénalité morale la placent *fatalement* à côté du criminel, comme Dieu plaça un signe sur le front de Caïn; ils voudraient que l'extrait de la sentence et du jugement qui le condamnent fût constamment exposé à la porte de sa maison; annexé à son état civil, ainsi qu'à tous les actes de sa vie; demandes d'emploi, mariage, voyages; exercices des droits politiques, contrats, témoignages, successions, etc., afin que la société sache bien à qui elle a affaire.

Ils accordent cependant aux condamnés ainsi flétris la réhabilitation, à la condition qu'ils fourniront la preuve d'un certain nombre d'années d'une vie exempte de toute nouvelle violation de la loi. A cette condition seulement, le stigmate infamant sera effacé. Le récidiviste n'aurait plus de réhabilitation à espérer.

Ce système des pénalités morales, qui n'est pas inhumain ni barbare, comme les punitions actuelles, est assurément énergique et avantageux, sous certains rapports. Si tous les hommes avaient reçu l'éducation qui leur est si nécessaire, s'ils avaient tous le sens moral suffisamment développé, le sentiment de leurs devoirs, si la voix de la conscience, se faisait entendre chez eux; assurément, les pénalités morales pourraient suffire; mais dans l'état social actuel, seraient-elles suffisantes, pourraient-elles atteindre le but?... Nous n'osons pas l'affirmer.

Nous devons faire observer à ce sujet que parmi le grand nombre d'accusés poursuivis par le ministère public, avec la conviction qu'ils étaient coupables, et qui cependant ont été acquittés par l'indulgence du jury, il en est bien peu qui reviennent sur les bancs de la Cour d'assises, pour de nouveaux méfaits; on peut conclure de là, que si ces accusés étaient réellement coupables, la crainte d'être une seconde fois traduits en jugement a produit sur eux une impression morale très salutaire, et qu'ils se sont amendés.

Avant d'aller plus loin, jetons un coup d'œil rétrospectif, sur les pénalités infligées aux coupables dans les temps antérieurs à notre époque; nous examinerons ensuite le système des punitions légales, en usage aujourd'hui chez nous : on verra combien il est insuffisant et défectueux, surtout au point de vue de l'amendement des condamnés, qui doivent rentrer dans le sein de la société, après leur libération.

Jusqu'à la fin du dernier siècle, la base de la plupart des législations pénales a été l'intimidation, c'est-à-dire, la terreur et l'effroi qu'inspirent les supplices. La procédure, ordinairement secrète et pleine d'embûches, s'instruisait à l'aide des moyens les plus barbares.

Point de pitié, point de garanties pour les accusés; des entraves pour la défense; puis, la mort à tout propos par le bûcher, par le glaive, par la corde; et jusqu'à ces derniers temps, il y eut une accumulation effrayante de peines afflictives et infamantes.

Les lois pénales avaient multiplié les châtiments; dans l'énumération de ces châtiments et dans leur exécution, ce n'était plus la société qui se défendait; c'était la vengeance qui s'exerçait, implacable et féroce, croyant avoir obtenu un grand résultat, quand sous le nom de la justice, elle avait épuisé sur un être humain, tout ce que la vie comporte de douleurs. Laissons parler l'historien de la procédure criminelle, M. Faustin Hélie :

« L'accusé, dit-il, après avoir prêté serment, subissait un interrogatoire, pour savoir s'il persistait à dénier le crime qui lui était imputé; il était ensuite soumis à la *question*. La question dans le ressort du parlement de Paris, était donnée soit par l'*extension* et avec *l'eau*, soit par des *brodequins*; dans le parlement de Bretagne, avec le feu;

dans le parlement de Rouen, en serrant les pouces; dans le parlement de Besançon avec l'estrapade; ailleurs, en versant de l'huile bouillante sur les pieds de l'accusé...

« Au milieu même des tourments, les juges adressaient au patient un deuxième interrogatoire; ils épiaient, non-seulement ses réponses, mais ses gestes, ses cris, ses plaintes pour en rédiger un récit fidèle. Ils pouvaient, en cas d'aveu, faire modérer et relâcher une partie des rigueurs de la question ; mais, s'il persistait, le supplice devait suivre son cours; sa durée était d'environ une heure (1).

Saint-Augustin, *dans la Cité de Dieu*, s'élève avec une sublime indignation contre cette coutume barbare de torturer un homme, parcequ'on manque de preuves contre lui : « N'est-ce pas une étrange chose de torturer une personne pour savoir si elle est coupable, et de faire souffrir à un innocent une peine certaine pour un crime incertain, non point parcequ'on a découvert qu'il l'a commis, mais parcequ'on l'ignore? Ce qui fait que l'ignorance du juge devient la cause du malheur d'un innocent. Ce qu'il y a de plus odieux, de plus lamentable, ce qui est à faire verser des fontaines de larmes, c'est que le juge tourmente un accusé, de peur de faire mourir un innocent par le sup-

(1) *Histoire de la procédure criminelle*, page 646.

plice, et que, en réalité, il tue un innocent par la torture. »

Aujourd'hui, nous frissonnons d'horreur au souvenir des mutilations et des déchirements, que les hommes se sont ingénié à faire souffrir; mais ce qui doit exciter surtout un profond étonnement, c'est que les magistrats, les légistes, les juges eux-mêmes, aient pu se rendre complices de ces actes de barbarie; ce qui révolte, c'est surtout l'esprit de l'ancienne magistrature, de cette magistrature qui présidait sans sourciller aux tourments de la question, et qui rédigeait les incroyables arrêts où sont énumérés avec une si froide placidité tous les détails des supplices infligés aux accusés (1).

A cette époque, l'humanité ne parlait pas dans la conscience des juges; ils ordonnaient les supplices les plus atroces sans indignation et sans remords. C'est cet état de choses qui arrachait à Beccaria les lignes suivantes :

« Que doit-on penser en voyant le sage magistrat, les ministres sacrés de la justice, faire traîner un coupable à la mort, avec tranquillité, avec indifférence? Et, tandis que le malheureux attend le coup fatal, dans les convulsions et les angoisses, le juge qui vient de le condamner, quitte froidement son tribunal, pour aller goûter en paix les

(1) Les pénalités anciennes, par M. Desmaze, conseiller à la cour Impériale de Paris, 1866.

douceurs et les plaisirs de la vie, et peut-être s'applaudir avec une complaisance secrète de l'autorité qu'il vient d'exercer. »

Dans les conférences tenues à l'hôtel Séguier, la voix de Lamoignon lui-même fut impuissante à faire disparaître de la loi criminelle ces piéges et ces cruautés. Pussort et Talon firent rendre l'ordonnance de 1670, d'après laquelle la procédure est secrète; le prévenu est soumis au serment; le droit d'être assisté d'un défenseur lui est interdit; enfin la *question* est maintenue.

Dans un livre imprimé en 1780, par un membre du grand conseil, publié avec *privilége* et dédié au Roi, nous lisons une énumération de peines dont la moins atroce donne encore le frisson : l'*écartèlement*, le *feu vif*, la *roue*, la *potence*, la *pendaison par les aisselles* (etc.).

Avant la Révolution française, quand le juge avait devant lui un accusé, il ne cherchait guère un innocent; sa seule préoccupation était de trouver un coupable; et si les preuves lui manquaient, il les demandait aux plus odieuses mesures.

Malheureusement les traditions de l'ancienne magistrature sont encore trop vivaces chez nous : Le *glaive vengeur* est toujours le symbole de nos lois pénales; l'arme de la justice. Nos magistrats ne vont-ils pas arracher aussi, comme autrefois, les confidences des condamnés, jusqu'en face de l'instrument du supplice?

N'assistent-ils pas à leur agonie, à leur exécution ? N'en décrivent-ils pas longuement toutes les circonstances et les péripéties ? Ils ne les abandonnent que quand la vengeance est complète, quand la *Justice est satisfaite*.

Un trop grand nombre de magistrats sont encore persuadés que la crainte, l'intimidation, les pénalités rigoureuses les plus terribles, sont les seuls moyens efficaces de répression.

Pour eux, le bourreau est l'auxiliaire indispensable, le complément, l'âme de la justice ! Ils croient fermement que tous les adoucissements dans les peines, toutes les améliorations dans le sort des condamnés, sont des encouragements au crime. Il n'est pas jusqu'à la couleur allégorique de leur costume qui ne leur cause une certaine satisfaction, parcequ'ils la considèrent comme une intimidation, une menace jetée à la face du public. Ils croiraient la justice désarmée, les lois sans forces, la société en péril, s'ils devaient échanger leurs robes rouges contre des robes noires ou blanches.

Naguères encore, il n'était pas rare de rencontrer des juges d'instruction pour lesquels les prévenus devaient presque toujours être des coupables.

Qui de nous, s'il a autrefois rempli les fonctions de juré, ou assisté aux plaidoiries des cours d'assises, n'a pas éprouvé un profond sentiment de peine, ou plutôt d'indignation, en voyant l'acharnement et la passion avec lesquels certains substituts encore imberbes attaquaient les malheureux accusés, qu'une justice impartiale devrait au moins protéger et même respecter, tant qu'ils ne sont pas condamnés?

Avec quel art infernal, ils bâtissaient à l'aide de suppositions vagues et de circonstances insignifiantes, un échafaudage monstrueux de criminalité, un acte d'accusation, un réquisitoire qui entraînait les peines les plus graves?

Comment, à l'aide de questions insidieuses, ils s'efforçaient d'arracher à des infortunés, dont la raison et l'intelligence sont évidemment troublées par l'appareil judiciaire qui les environne, quelques paroles incohérentes qui étaient aussitôt interprétées, dénaturées et retournées contre eux.

Avec quel sang froid, avec quelle impassibilité avec quelles instances ils demandaient aux jurés, la tête de ces malheureux!

Quelles doléances, quelles clameurs ils faisaient entendre lorsqu'ils sentaient que leur proie allait leur échapper!

Quelles récriminations injurieuses, quelles invectives n'adressaient-ils pas au jury, qui, par un verdict consciencieux, par un *non* unanime, avait mis à néant, le fantastique échafaudage de criminalité que dans leur cerveau malade et surexcité, ils avaient édifié avec tant d'art et de complaisance, qu'ils avaient orné de si brillantes peintures, de si émouvants tableaux sur les progrès incessants de la démoralisation et du crime!

Si la magistrature était responsable, si ses erreurs et ses fautes donnaient lieu, (ce qui serait équitable) à une réparation civile envers l'accusé innocent que l'on a flétri et ruiné, que l'on a arraché à sa famille, peut-être les magistrats apporteraient-ils plus de soins et d'attention à leurs recherches, de réserve dans leurs jugements, d'humanité dans leurs procédés? Peut-être mettraient-ils plus de retenue avant de compromettre l'honneur, la fortune et la vie des citoyens sur des indices très-douteux, sur des suppositions vagues ou imaginaires? Peut-être enfin aurait-on vu moins souvent des organes du ministère public, en proie à des accès furibonds d'un terrorisme protecteur exagéré, s'imaginant que sans les atroces pénalités qu'ils sollicitent avec tant d'instances, la société humaine ne tarderait pas à périr, à être engloutie sous d'affreuses avalanches de criminalités! (1)

Heureusement, Dieu lui-même, dans ses impénétrables desseins, a fixé des bornes au crime, et lui a dit comme à la mer : *Tu n'iras pas plus loin.*

Il semblerait que Dieu a voulu faire voir aux hommes un certain nombre de criminels, qui

(1) « Si par suite d'une crise révolutionnaire quelconque, dit le Marquis de Larochefoucauld-Liancourt, l'on mettait dans les cachots ou même les cellules les plus saines quelques centaines de nos législateurs et de nos magistrats pour y passer seulement le terme ordinaire d'une session, ils seraient bientôt guéris du désir d'appliquer les châtiments qu'ils autorisent et qu'ils prodiguent aux autres avec tant de facilité. » (Page 168.)

reste *constamment* et *invariablement* le *même*, comme pour servir d'exemple aux autres et leur inspirer l'horreur du crime.

Les travaux si remarquables de notre regrettable ami Guerry, sur la *Statistique morale de la France* et de l'Angleterre, ont établi d'une manière irréfragable, la *constante* et *régulière périodicité* avec laquelle certains crimes, tels que les attentats à la vie, les suicides, etc., se reproduisent *invariablement chaque année*, aux *mêmes époques*, dans le *même ordre* et dans la *même proportion!*

En France, le nombre moyen des crimes commis annuellement contre les personnes est de 1300 et celui des crimes contre les propriétés, de 5,300. Et si l'on jette les yeux sur les tableaux statistiques qui présentent les variations de ces crimes depuis *trente années*, on voit que le chiffre *total annuel est constamment* le *même* ou n'éprouve que d'insignifiantes fluctuations!!!

En France, comme en Angleterre, durant une période de dix années, les crimes commis annuellement contre les personnes n'ont pas varié de plus de 1/25, et les crimes contre les propriétés de plus de 1/50, et chose remarquable! ni l'âge ni le sexe des accusés, ni les saisons n'ont apporté de perturbation dans ce contingent prélevé par le crime sur les deux nations.

Dans cette effrayante géographie des crimes, on distingue même les régions où prédominent les assassins, les incendiaires, les empoisonneurs, les voleurs domestiques, etc. On voit dans ces tristes tableaux des passions humaines, la part qui devrait être faite aux saisons, au sexe, à l'âge, surtout à l'ignorance et aux mauvaises conditions sociales où ont été placés les criminels.

« En présence de ces actes qui, comme les flots de la mer, atteignent toujours leur borne mystérieuse et ne la dépassent jamais, que devient donc s'écrie M. Diard (1) que devient le libre arbitre de l'homme et la responsabilité de sa conscience? L'œil ne mesure pas sans effroi ce gouffre qui attire invinciblement chaque année, le *même nombre* de victimes !... »

« D'après le dépouillement des résultats numériques de plus de 20,000 faits de criminalité, extraits de 32 années des comptes rendus de la justice criminelle, Guerry a constaté que sur un nombre moyen de mille attentats à la vie, plus de 237 ont pour cause des rixes et des querelles de cabaret, 214 la cupidité et l'intérêt, 147 les rapports entre les sexes, 126 un commerce illicite et 21 seulement des unions légitimes.

« Si vous essayez, dit-il, de grouper d'après l'analogie des causes qui les déterminent, les diverses causes d'attentats à la vie, vous les verrez, pour une proportion considérable, se rattacher à deux

(1) Études sur la statistique morale de M. Guerry, par M. Diard, président honoraire de la cour de Riom, page 16, (Paris, Baillière, 1866).

classes de motifs : 1° la cupidité, dans l'opulence aussi bien que dans la misère; 2° les désordres dans la vie privée ; double infraction qui résulte de l'*ignorance* ou de l'*oubli* des devoirs (M. Diard, p. 13).

Ces documents statistiques et officiels nous montrent les réalités de la vie sociale, et la font apparaître sous un jour tout nouveau. Il en sort des résultats bien dignes de fixer l'attention et d'appeler les méditations du moraliste, du législateur et des magistrats.

« Voilà, dit Guerry (1), voilà le criminel avec ses mauvais penchants et son libre arbitre; il est en présence de l'objet qui excite sa convoitise. Sa conscience hésite et il succombe. Mais combien d'hommes excités à commettre une mauvaise action et qui ne l'ont pas commise? Ils avaient, comme lui, des passions; ce qui l'a tenté, les a tentés. Le sentiment du devoir et la crainte des lois les ont retenus.

L'éducation vicieuse, les mauvais exemples, la fatalité des circonstances, ont été les mêmes pour beaucoup, et ils ont résisté.

Le criminel était donc moins accessible à tous les sentiments qui font l'honnête l'homme, et ses penchants étaient plus vicieux ! »

Il naîtrait donc des monstruosités morales

(1) Statistique morale de l'Angleterre et de la France, par M. Guerry (1866).

comme il naît des monstruosités physiques; des êtres imparfaits, incomplets, atteints de *vices* de conformation ; privés d'un ou de plusieurs sens : des sourds-muets, des aveugles nés, des pieds-bots!! Dès-lors, certains coupables ne seraient-ils pas plutôt à plaindre et à consoler qu'à punir?

En réfléchissant à cette effroyable série de sanglantes agonies inventées par nos pères, et si longtemps maintenues et consacrées par les ordonnances de nos rois, n'est-ce pas le cas de rappeler l'axiôme fameux : que *les lois font les mœurs*. N'est-ce pas la cruauté des supplices qui a produit la cruauté des hommes? Y a-t-il lieu de s'étonner des crimes de la Saint-Barthélemy, de la révocation de l'édit de Nantes, des excès de la révolution française, quand les esprits s'étaient habitués, par la vue des supplices, à se jouer de la vie humaine?...

La législation est souvent plus coupable qu'on ne le croit; quand elle s'égare, elle n'est pas seulement injuste; elle familiarise les hommes avec l'injustice et fausse toutes leurs idées.

« Il est des lois qui font des crimes » a dit Montesquieu.

Aux philosophes, aux moralistes du 18e siècle, revient l'honneur d'avoir protesté contre les abus d'une législation impitoyable, d'avoir rappelé, défendu les droits sacrés de l'humanité.

Voltaire a rempli la France et l'Europe entière de ses protestations contre la cruauté, l'intolérance du fanatisme de nos lois; Fénelon et J.J. Rousseau, ont invoqué Dieu comme le protecteur des faibles et le vengeur des opprimés; ils ont infiltré dans les cœurs le sentiment évangélique de la charité.

Beccaria a rendu éclatante cette vérité : que « tout châtiment est inique, quand il n'est pas indispensable à la conservation de la liberté publique. »

Montesquieu, dans l'*Esprit des lois*, a aussi revendiqué les droits du genre humain; il a proclamé comme principe hors de contestation, que la certitude de la peine est plus préventive que sa rigueur, et il a démontré que la cause des relâchements dans les États, vient de l'impunité des crimes, et non point de la modération des peines.

Notre *Code pénal*, rédigé pendant la tempête révolutionnaire, sous l'impression de la crainte d'une désorganisation sociale, bien que promulgué à l'époque la plus brillante du règne de Napoléon 1er, (1810), portait encore l'empreinte de l'esprit de l'ancienne magistrature; l'intimidation en était la base et l'expression principale; c'était un véritable Code draconien, dans lequel la peine de mort, les travaux forcés aux bagnes, aux galères, à perpétuité, le carcan, l'exposition publique, la marque au fer rouge, le boulet aux pieds, la réclusion pour 10, 15 ou 20 ans, les peines infamantes, l'interdiction légale, la surveillance de la haute police (etc.), étaient prodigués à chaque page, d'une manière effrayante.

On y avait oublié, tout à fait, que la peine, juste

punition du crime ou du délit, doit servir à la réforme et à la régénération morale des condamnés, qui, après l'expiration de leur peine, rentreront dans le sein de la société.

L'expérience a démontré surabondamment que tous les moyens de punition employés jusqu'à présent, si barbares et si terribles qu'on les suppose, sont tout à fait insuffisants; qu'ils n'atteignent pas le but, et même qu'ils donnent lieu à de nombreuses récidives (1). Aussi la tendance actuelle des esprits est-elle d'abandonner les anciens errements et de prendre une autre direction plus rationnelle et plus humanitaire, c'est-à-dire moraliser, corriger, instruire, en un mot, améliorer les malheureux que de mauvais instincts, ou l'ignorance de leurs devoirs sociaux ont momentanément égarés.

On reconnaît aujourd'hui que les coupables sont des hommes égarés ou ignorants que l'on doit s'efforcer de ramener au bien.

(1) Ce qui prouve surtout l'insuffisance du régime répressif actuel, quelque sévère et rigoureux qu'il soit, c'est le grand nombre des récidives.

En 1857, il y a eu 2,003 récidivistes sur 4,369 condamnés aux travaux forcés et à la réclusion! — M. Block. *Statistique de la France.*

Sur 30,000 condamnés, libérés de 1859 à 1863, il y en a eu 12,605 (42 pour cent) qui ont été repris, pour de nouveaux méfaits, dans l'année même de leur libération dans les deux années suivantes. » En 1865, il y en a eu 49,4 pour cent.

(*Comptes-rendus de la justice criminelle*, 1865.)

Cette tendance est un grand progrès ; un pas immense fait dans la marche de l'humanité vers son perfectionnement.

Le système moderne, quand bien même il ne donnerait pas sous certains rapports, de meilleurs résultats que le précédent, n'en est pas moins une précieuse innovation. Il indique une amélioration notable dans nos mœurs; il met la raison et l'humanité à la place de la force et de la brutalité; en un mot, c'est l'expression de sentiments plus charitables et plus chrétiens.

Parmi les hommes que la loi flétrit, mais que cependant la société ne doit pas abandonner, puisqu'ils sont destinés à vivre encore dans son sein, il en est un grand nombre qui sont coupables par faiblesse et criminels sans dépravation, qui n'ont pas tout à fait abjuré les sentiments de l'honnêteté, qui peuvent être ramenés au bien, et qui désirent mériter par leur conduite l'oubli de leurs prévarications.

A ceux-là, il faut offrir toutes les facilités pour les amender et les faire rentrer le plus tôt possible dans le sein de la société.

D'un autre côté, chez les individus, emportés par la violence des passions, il y a quelquefois autant une maladie morale à guérir, qu'un crime à faire expier.

Des philosophes, des médecins aliénistes, très honorables ont émis l'opinion que dans un grand nombre de cas, les crimes ne sont que la conséquence d'une aliénation, d'une maladie mentale !

Guerry a fait voir que les grands crimes, les assassinats (etc.), ont lieu pour la plupart, à certaines époques de l'année, et qu'une influence occulte, malfaisante, se fait sentir *invariablement tous les ans*, aux *mêmes époques*, dans les mêmes pays.

Si telle est la vérité; si le libre arbitre ou l'organisation de l'homme sont fatalement influencés par des causes supérieures et indépendantes de lui, la société a-t-elle bien réellement le droit qu'elle s'arroge, de tuer, de tourmenter des êtres qui sont alors plutôt des malheureux que des coupables? Ne devrait-elle pas borner son action à se garantir et à se préserver des attaques des malfaiteurs, tout en s'efforçant à guérir ces malheureux et à les ramener au bien.

Dans tous les cas, la justice doit à l'accusé, dans sa faiblesse et son isolement, la protection de ses règles immuables, et d'une entière impartialité. Parce qu'il a une dette à payer, il ne faut pas que tout son être soit livré au caprice du plus fort; parce qu'il s'est abaissé jusqu'au crime, il ne faut pas qu'il devienne un instrument de terreur aux mains du magistrat. Le délit ne dépouille pas l'homme de sa nature ; il demeure un être sensible, doué d'intelligence, de liberté, de moralité. S'il est innocent, tout le mal qu'on lui a fait est un trouble apporté à l'ordre moral.

Aujourd'hui la législation française n'admet plus d'autres pénalités que les suivantes :

A. La *peine de mort* pour les grands crimes.

B. La *déportation* ou la *transportation* au dehors du territoire continental de la France, qui a été substituée aux travaux forcés dans les bagnes.

C. L'*emprisonnement* dans des dépôts distincts, pendant une durée plus ou moins longue.

A. La *peine de mort* est aujourd'hui repoussée par la plupart des moralistes humanitaires qui dénient à l'homme le droit d'ôter la vie à son semblable ; « Mettez, disent-ils, les malfaiteurs hors d'état de nuire, mais vous n'avez pas le droit de les tuer. » Espérons que cette peine disparaîtra un jour de nos Codes ou qu'elle ne sera qu'exceptionnellement et très rarement appliquée.

B. La *déportation* substituée à la peine de mort ou à d'autres pénalités corporelles barbares, aux bagnes (etc.), est un grand progrès humanitaire et social.

Nous ne saurions mieux faire que de rappeler ici les belles et mémorables paroles prononcées par Boulay de la Meurthe au conseil des Cinq-Cents, lors de la découverte de la fameuse conspiration royaliste du 18 fructidor :

« Les ennemis de la République, les agents de la conspiration, dit-il, sont en ce moment, ou vont être arrêtés, que faut-il faire? « Il faut, citoyens représentants, que les mesures que vous adopterez soient non-seulement promptes et vigoureuses, mais encore avouées par la sagesse et la véritable politique.

« Et d'abord, il faut proclamer cette grande vérité, c'est que le triomphe de la république ne doit pas être souillé par une goutte de sang; malheur à celui qui dans cette grande occasion, songerait à rétablir les échafauds! Les propriétés, les personnes, tout sera respecté! il n'est pas question ici de vengeance, mais de salut public.

« Il faut éloigner les ennemis de la République du corps législatif, de toutes les autorités constituées; et ceux qui paraissent les plus dangereux, il faut les déporter.

« La déportation doit être désormais le grand moyen de salut pour la chose publique; c'est la peine qu'il faut faire subir à tous les ennemis irréconciliables de la liberté et de la république; cette mesure est commandée par la politique; elle est autorisée par la justice, avouée par l'humanité. Il faut déterminer un lieu où seront transportés tous ceux dont les préjugés, les prétentions, dont l'existence, en un mot, est incompatible avec celle du gouvernement. »

« La déportation contre les ennemis reconnus de la république, et contre les agents de la conspiration a paru à votre commission, le moyen le plus prompt, le plus énergique, le plus salutaire, le plus conforme à la justice nationale, et c'est celui que nous vous proposons. »

On a contesté, il est vrai, aux nationalités, le

droit d'envoyer à l'étranger des condamnés et de les jeter ainsi dans une autre société que celle qu'ils ont mise en danger ; « mais, dit M. Desmarets (1), cette objection est plus spécieuse que vraie. De grands exemples viennent prouver que ces épaves d'une société peuvent être non point la fin d'un monde, mais le commencement d'un monde nouveau, de quelque société grande, généreuse, respectable. »

« Dans une autre partie du monde, le convict, qui ne peut rester dans la société contre laquelle il s'est mis en guerre, pourra donner librement carrière à son activité, à son repentir, à son désir de faire le bien ; et si vous repassiez dans un demi siècle, vous trouveriez une ville, là où il n'y avait qu'un désert ; la civilisation, là où il n'y avait que la vie sauvage. »

Enfin on a objecté contre la transportation appliquée aux délits politiques, que cette pénalité peut donner lieu à de graves abus.

Mais les juges sont des hommes... les despotes, les partis politiques et religieux ont trouvé et trouveront toujours des magistrats complaisants pour sanctionner leurs vengeances... et si parfois des parlements se sont montrés rétifs, c'est quand on a voulu porter atteinte à leurs prérogatives.

Somme toute, la transportation substituée à la

(1) Congrès de Berne, 508-509.

peine de mort est un progrès humanitaire incontestable.

C. L'*emprisonnement.* Le plus ordinairement il est nécessaire de séparer momentanément les coupables du reste de la société, de les séquestrer, de les *emprisonner*, afin de les mettre hors d'état de nuire.

Mais les dispositions trop rigoureuses de notre ancien Code sur la durée de l'emprisonnement, ont passé presque sans modifications dans le système actuel des pénalités et subsistent toujours. Ainsi un grand nombre de délits d'une médiocre gravité sont encore aujourd'hui punis par un emprisonnement de cinq, dix années et plus.

Tels sont, par exemple, les suivants :

Un coup malheureux porté accidentellement et *involontairement*, dans la chaleur d'une querelle de cabaret.

Quelques paroles peu mesurées, irrespectueuses, des menaces adressées à un magistrat, à un prêtre, à un agent de police subalterne, dans l'exercice de leurs fonctions.

L'imitation d'une signature ; l'altération des billets de banque; un certificat de complaisance ; cacher ou dissimuler la vérité en justice ; si l'on ne dénonce pas un projet de complot contre le gouvernement.

Divers délits de presse, etc., etc.

Le Code pénal *militaire* est encore bien plus barbare que l'autre.

N'est-ce donc rien que d'enlever un homme à sa famille, à la société? De le frapper d'incapacité ou de nullité pendant la moitié de sa vie d'homme, de le rendre non-seulement un être tout à fait inutile, mais encore à la charge du pays qui doit le nourrir et l'entretenir pendant un temps très-long (1), de le rejeter ensuite dans le monde après l'expiration de sa peine, plus vicieux, plus perverti qu'il n'était auparavant; le plus souvent incapable de gagner sa vie dans une société qui le repousse de toutes parts?

N'y a-t-il pas là quelque chose de déplorable?

Il est des philosophes éminents et respectables qui se prononcent énergiquement contre ce mode de punition. Ils se posent en adversaires absolus de toute espèce de réclusion, quelle qu'elle soit. « En commun, disent-ils, elle est dangereuse; solitaire, elle est barbare; préventive, elle est d'une révoltante injustice; car la liberté sous caution est le droit du prévenu, qui, jusqu'à condamnation est réputé innocent (2).

(1) Le budget de la répression en France s'élève annuellement à plus de 60 millions.

La dépense de chaque détenu s'élève de 250 à 300 fr. par an ; soit 6 millions pour 25 à 30 mille détenus. — Pour un condamné à perpétuité : 5,008 fr. en moyenne. — En Angleterre, la dépense de chaque détenu dans les pénitenciers, s'élève de 800 à 1000 francs par an.

(2) Congrès scientifique de Bordeaux, 1861. — (M. Armand de Fleury.)

Jusqu'à ces derniers temps, la législation criminelle en France n'avait eu d'autre but comme d'autre principe que celui d'écarter les coupables de la société, de s'en débarrasser pour le plus longtemps possible en les condamnant à une longue et stérile détention. Mais maintenant l'humanité a d'autres tendances: au lieu de laisser les condamnés sous les verrous pendant une grande partie de leur vie, de les faire disparaître de la société pour ne plus s'en occuper, on est disposé à reconnaître que les coupables sont toujours des hommes, égarés à la vérité, mais qui peuvent être ramenés au bien. On demande que le régime des prisons soit modifié dans ce sens.

L'emprisonnement se fait aujourd'hui dans des établissements spéciaux, les *Prisons*, lesquelles portent une dénomination particulière en rapport avec la *nature* des crimes ou délits, et avec la *durée* ou la *gravité* de la peine infligée aux coupables.

L'emprisonnement de *simple police* est de un à cinq jours. L'emprisonnement *correctionnel* de six jours à cinq ans, sauf le cas de récidive.

La *réclusion* est de cinq à dix ans.

La *détention* de cinq à vingt ans, ou à *perpétuité*.

Les peines ont encore des effets différents et des qualifications distinctes, selon qu'elles sont: *correctionnelles* ou *criminelles*; la loi les déclare *afflictives* et *infamantes* dans ce dernier cas.

Quant aux établissements de détention, on distingue :

1° Les *maisons d'arrêt*, prisons où l'on détient les individus qui ne sont que *soupçonnés* et dont l'instruction se poursuit.

2° Les *maisons de justice*, celles où l'on détient les accusés renvoyés devant les Cours d'assises par arrêt de la chambre des mises en accusation.

3° Les *maisons de détention correctionnelle*, où subissent leur peine les individus condamnés pour de simples délits.

4° Les *maisons centrales*, qui sont occupées par les condamnés à l'emprisonnement pour plus d'un an, à la réclusion, à la détention et, en outre, par les septuagénaires, les infirmes ou les fous, et par les femmes condamnées depuis un an et un jour de prison jusqu'aux travaux forcés à perpétuité.

5° Les *prisons départementales*, qui renferment les prévenus, les accusés, les condamnés à un an de prison ; plus, les passagers, les détenus pour dettes, etc.

Dans l'état actuel de la législation, les prisons se peuplent donc de *prévenus*, d'*accusés*, et de *condamnés* ; les prévenus et les accusés sont détenus par emprisonnement *préventif*, les condamnés par emprisonnement *répressif*.

La loi prescrit une classification des prisonniers en rapport avec leur position préventive ou répressive. Les prévenus doivent être détenus dans des maisons d'arrêt (art. 603 et 604 du Code d'instruction criminelle). Les accusés doivent être gardés dans des maisons de justice (mêmes articles).

Avant d'aller plus loin, il importe de bien faire connaître la différence qui existe entre les *prévenus* et les *accusés;* différence que ne font pas toujours les personnes étrangères à la magistrature ou au barreau.

Le *prévenu d'instruction* n'est que soupçonné; il y a plainte contre lui; il peut être relâché sans subir l'épreuve du jugement.

Le *prévenu de jugement* a déjà subi une première épreuve qui ne lui a pas été favorable. La Chambre du conseil au tribunal de première instance, sur le rapport du juge d'instruction, a relevé contre lui des charges assez graves pour le renvoyer devant le tribunal de police correctionnelle, qui peut l'acquitter ou le condamner ; mais le fait qui lui est imputé ne constitue qu'un *délit* dont la peine ne peut être infamante quant à sa nature, ni supérieure à cinq ans quant à sa durée.

L'*accusé* est celui contre lequel s'élèvent des charges suffisantes pour le renvoyer devant le jury, sous l'accusation d'un fait qualifié *crime* par la loi, et pouvant entraîner une peine infamante.

Tous ces individus non *condamnés*, sont *présumés innocents* par une fiction légale dictée par une haute sagesse et un profond sentiment de respect pour l'humanité ; il ne fléchit même pas devant le flagrant délit.

Le Code pénal établit, avec raison, une distinction entre l'*emprisonnement*, peine correctionnelle, et la *réclusion*, peine infamante, entraînant l'interdiction légale, la surveillance perpétuelle de la haute police et autrefois l'exposition publique.

Eh bien ! dans la pratique, trop souvent cette distinction se borne aux conséquences de la peine, et n'existe pas dans l'exécution. Les condamnés correctionnels, dont la peine est de plus d'un an, sont envoyés dans une maison centrale, où sont enfermés les réclusionnaires ; ils sont vêtus du même costume, soumis au même régime, exposés à voir, à subir les mêmes exemples de la plus hideuse dépravation ; ainsi dans le département de Seine-et-Oise, on les envoie à Poissy, de telle sorte qu'un homme condamné à quinze mois de prison pour coups et blessures dans une rixe, sera enfermé avec un forçat libéré, repris pour vol à main armée sur un chemin public, et auquel le jury aura accordé des circonstances atténuantes. C'est un épouvantable abus, auquel l'établissement des prisons les mieux disposées, n'a pas encore remédié.

« Bien que l'administration supérieure ait recommandé par des règlements, la séparation des prévenus, des accusés et des condamnés, dans les prisons départementales, cette séparation ne s'effectue guère que dans les villes de première classe; pour les autres, elle n'a lieu le plus souvent que sur le registre d'écrou ; et, par le fait, prévenus, accusés, condamnés, passagers, (galériens ou autres) enfants, adultes y sont confondus. A peine les sexes y sont-ils séparés » (V. Foucher).

Dans les maisons d'arrêt et dans les maisons de justice et de correction, il est même assez rare que les prévenus et les accusés soient, de jour et de nuit, rigoureusement séparés des condamnés ; et lorsque le même bâtiment sert au chef lieu de département, de maison d'arrêt et de justice (comme cela est très-fréquent), c'est alors, à quelques exceptions près, une déplorable confusion de toutes les immoralités; car la criminalité s'y trouve représentée dans tous ses éléments, et à tous ses degrés : or, cette confusion de toutes les criminalités dans les prisons, est un obstacle insurmontable à l'amendement moral ; elle pervertit les prisonniers les plus disposés à revenir à la vie sociale, et les empêche, lors de leur libération, de persister dans leurs bonnes intentions, s'ils ont pu se conserver purs pendant leur séjour en prison ; car ils sont bientôt sollicités par leurs compagnons de captivité qui leur rendent l'existence honnête impossible, les mettent à contribution, les forcent à frayer avec eux et les entraînent à de nouveaux crimes.

Lorsqu'on voit de près les bagnes et les maisons centrales, et aussi ces prisons de Paris où sont entassés tant de malheureux, qui, pour être détenus passagèrement, ne sont pas moins pour la plupart, pervertis au dernier degré, on gémit, non-seulement, sur l'inertie de l'administration qui ne débarrasse pas le pays de plusieurs milliers au moins de ces hommes dangereux, par une déportation lointaine et plus rassurante pour la société, mais on gémit aussi sur le sort de quelques détenus, qui, tout criminels qu'ils sont, *lorsqu'ils n'ont pas encore perdu tout sentiment d'honneur et de vertu*, se trouvent mêlés cependant avec les hommes les plus corrompus. On regrette de les voir se pervertir peu à peu, dans le sein même de la prison qui devrait les améliorer ; il est évident que c'est sous ce rapport qu'a été conçue l'idée des *catégories*, afin de laisser les mauvais, les incorrigibles, demeurer ensemble, sans absorber inutilement les soins et le temps de l'administration ; et de placer les meilleurs ensemble sous une direction morale plus assidue, de sorte qu'ils puissent s'améliorer les uns les autres.

Malheureusement cela est loin d'avoir lieu.

Le régime actuel de nos prisons ne fait donc qu'aggraver le mal, et c'est même à cela que V. Foucher attribue la plus grande partie des récidives.

Ce qui prouve l'insuffisance du régime répressif actuel, quelque sévère et rigoureux qu'il paraisse, c'est, ainsi que nous l'avons déjà dit, le grand nombre des récidives.

Au 1er janvier 1866 le nombre des récidivistes détenus dans les maisons centrales était de 7,784 dont 876 femmes. Il y avait 49, 59 récidivistes sur cent détenus.

Sur 30,000 condamnés libérés de 1859 à 1863, il y en a eu 12,605 = 42 0/0 qui ont été repris pour de nouveaux crimes dans l'année de leur libération ou dans l'année suivante (1).

C'est surtout parmi les jeunes libérés que le nombre des récidives atteint un chiffre vraiment effrayant.

L'instituteur de Staffort, M. Crawford dit, p. 250 : « Quand un enfant a été mis une fois en prison, il y a beaucoup de probabilité qu'il y reviendra une seconde. Leurs premiers délits ne sont que des fautes de l'enfance, comme des vols de pommes; une fois qu'ils sont sortis, ils passent à de plus grandes fautes. »

Tout le monde aujourd'hui reconnaît que ce qui est, ne saurait subsister plus longtemps ; que nos prisons, loin d'être une garantie pour l'ordre social, sont une plaie dévorante, un foyer de crimes et de contagion, et que le nombre des malfaiteurs récidivistes s'accroît dans une alarmante proportion.

« On reconnaît aussi que ces déplorables résultats proviennent en grande partie, de ce qu'on met ensemble et pêle mêle, les prisonniers de tout âge, de toute condition, de toute moralité ; mélange de la plus haute imprudence, fréquentation très dan-

(1) Comptes-rendus de la justice criminelle, 1865.

gereuse, féconde en toutes sortes d'abus honteux; ou dans des conversations impies, les plus âgés instruisent les plus jeunes, ou les plus scélérats servent de modèles aux plus novices. C'est dans les prisons que se forment les grands criminels et que se préparent les grands crimes; c'est entre les libérés qui se retrouvent à leur sortie que se nouent ces horribles et mystérieuses associations, dont la ruse et l'habileté mettent en défaut toute la surveillance de l'autorité. (Demetz).

« Entrez dans une maison centrale, dit V. Foucher, interrogez les gardiens qui vivent avec les détenus, ils vous diront qu'il y en a au-moins les deux tiers en récidive. Interrogez les détenus les plus anciens de la maison, et les plus versés dans la science biographique de la population, ils vous répondront la même chose. »

Il faut bien le dire, s'écrie Demetz, dans notre système actuel, la prison n'est pour ainsi dire plus une peine; elle offre au criminel un asile, une existence, une sécurité, des sympathies et des suffrages que la société lui refuse.

Aujourd'hui l'opinion publique, éclairée sur l'inefficacité de la pénalité actuelle, est pleinement convaincue de la nécessité d'une réforme sérieuse dans le régime des prisons.

Mais il y a sur ce point, précisément, deux écoles, deux tendances : l'une met le condamné sous les verroux, elle le fait disparaître de la société sans plus s'en occuper; l'autre estime que les coupables sont toujours des hommes, égarés à la vérité, mais qui cependant, peuvent être ramenés au bien ; elle demande que le régime des prisons soit modifié dans ce but.

On est à peu près d'accord sur deux points principaux : le premier, c'est que le vieux régime doit disparaître, parce qu'il est immoral ; le second, c'est qu'il faut voir dans le condamné un homme que la réflexion et des conseils intelligents peuvent remettre dans le droit chemin. C'est le respect du coupable que les philanthropes du dernier siècle ont proclamé en protestant contre l'inhumanité des anciens systèmes de répression.

Jusqu'à ces derniers temps, la législation pénale ne s'était guère occupée que de la répression du crime, tandis que le but principal qu'il faut atteindre, c'est la réforme et l'amélioration du criminel.

Tel est l'objet des recherches et des études auxquelles on s'est livré depuis plusieurs années pour améliorer le régime pénitentiaire.

Nous allons exposer brièvement les tentatives principales que l'on a faites à ce sujet ; nous ferons connaître ensuite les avantages et les inconvénients que l'on y a reconnus, et enfin les résultats que l'on en a retirés.

CHAPITRE PREMIER.

Des systèmes et des réformes pénitentiaires.

Les modifications les plus importantes que l'on a essayé d'introduire dans le régime des prisons et auxquelles on a donné le nom de *réforme pénitentiaire, systèmes pénitentiaires*, s'adressent tout à la fois au régime administratif des prisons, et aux soins physiques et moraux à donner aux détenus.

Les prisons pénitentiaires ou réformées sont des établissements modernes, disposés d'après certains systèmes de répression ou de classification des coupables, de telle sorte que les prisonniers sont :

1° Renfermés collectivement, mais par catégories distinctes, dans des quartiers séparés.

2° Ou ils sont renfermés, chacun dans une chambre particulière, à laquelle on a donné le nom de *cellule*; tantôt dans des ateliers de travail *en commun* pendant le jour ; tantôt avec travail *individuel* obligatoire, *isolé* dans la cellule même.

Il y a plusieurs systèmes pénitentiaires qui ont été préconisés avec plus ou moins d'ardeur, essayés avec plus ou moins de succès ; ils ont chacun leurs partisans et leurs détracteurs.

Les principaux systèmes pénitentiaires sont:

1° Le système d'Auburn.

2° Le système de Pensylvanie ou de Philadelphie.

3° Les systèmes suisse, irlandais, français, etc.

1° *Système d'Auburn.*

C'est à Auburn, ville d'Amérique (État de New-York) que l'on fit, en 1821, le premier essai de l'emprisonnement solitaire (*solitary confinement*).

Ce système consiste essentiellement dans l'emploi des moyens suivants:

1° Emprisonnement de chaque individu, *séparément* dans une cellule particulière pendant *la nuit*.

2° Travail *en commun* pendant le jour dans des ateliers, avec *obligation rigoureuse du silence*.

3° Régime sévère; *intimidation*; châtiments corporels.

Telles sont les bases de ce système, qui parut d'abord réunir toutes les conditions de répression et de moralisation que réclame la Société. Il fut accueilli avec une grande faveur et introduit successivement dans les prisons du Maryland, de la Virginie, du Maine, de New-Jersey et même dans quelques-unes de l'Europe.

Mais le système d'Auburn, n'ayant pas répondu à ce que l'on en attendait, on l'abandonne aujourd'hui.

On aura une idée suffisante du régime intérieur des prisons auburniennes par les détails qui suivent :

A son *entrée*, le prisonnier est lavé, rasé, tondu, costumé. Le lever a lieu au son de la cloche à 5 heures et demie. — Vidange, lavage personnel, puis travail jusqu'à 8 heures. Les *repas* se prennent au réfectoire, *en commun*, mais sans vis-à-vis et en *silence*. Le travail a lieu en *commun* dans les ateliers, avec l'obligation la plus rigoureuse du silence. Après le *souper*, rentrée immédiate de chaque prisonnier dans sa cellule. *Pénalités* très sévères pour toutes les infractions à la règle. — Coups de nerfs de bœuf ou de fouet sur les épaules ou sur le dos mis à nu, et ce, à la discrétion des gardiens.

Les dimanches, office divin, visite de l'aumônier ou du chapelain. Il y a peu de variations à ce régime dans les prisons d'Amérique soumises à la règle d'Auburn.

Les prisonniers ne peuvent avoir aucune communication avec leur famille ou leurs amis, ni même en recevoir des lettres, si ce n'est dans des cas très rares ; ils ne peuvent être visités que par les inspecteurs, les employés, les ministres du culte, le directeur, le médecin, et les syndics de la prison.

Dans les établissements où l'on a adopté, comme à Auburn, le système de l'intimidation, on y prodigue les punitions les plus dures, le fouet principalement. On n'y accorde point de récompenses ;

mais il y a quelquefois cependant un compte général de surveillance qui est très propre à tenir les détenus dans l'incertitude de leur avenir, c'est un registre de notes sur leurs actes.

La base du système d'Auburn est le *silence*, suite nécessaire et obligée de la communauté de travail. Il ne faut pas, en effet, que de longs entretiens, en dehors des besoins du travail commun, puissent permettre entre les condamnés, des conversations particulières qui amèneraient la contagion du vice, l'enseignement mutuel de l'art du crime et l'abandon des préoccupations salutaires du travail.

Mais l'obligation de garder continuellement le silence, à laquelle on astreint les prisonniers, leur est très pénible; elle les irrite, les exaspère, les porte, pour s'en affranchir à user de tous les expédients, que la ruse, la fourberie et une profonde dissimulation peuvent leur suggérer. Elle est d'ailleurs, en définitive totalement illusoire, car ainsi que l'a dit M. d'Orsel : Le silence imposé pour prévenir la contagion est une fiction substituée à la réalité.

Un autre inconvénient en outre, que l'observation et l'expérience ont fait connaître, c'est que, le silence dispose à la tristesse, à la mélancolie, aux affections dépressives ; et que, toutes choses égales d'ailleurs, les maladies sont plus nombreuses dans les établissements où l'on suit la règle du silence absolu, que dans les autres.

« L'obligation rigoureuse du silence, dit le marquis de la Rochefoucauld Liancourt, est un tourment très nuisible au physique, et sans avantage au moral. C'est ce qu'ont avoué les médecins et les administrateurs les plus distingués, le docteur Gosse entre autres. Ils ont reconnu qu'il produit la débilitation du système digestif; la disposition à l'idiotisme, et l'engourdissement de l'intelligence; si cela est vrai, c'est à la fois un supplice physique et moral; on rend malade, et de plus idiot. Les médecins ne sont pas les seuls qui attestent la barbarie de cette loi.

« Dans ce régime de mutisme absolu, les prisonniers subissent le supplice de Tantale; ils se font punir fréquemment pour des infractions au silence; il en résulte quelquefois des actes plus graves d'insubordination, qui font renfermer et séjourner pendant plus ou moins longtemps les prisonniers, soit dans leur cellule, soit au cachot; ce qui détermine chez plusieurs d'entre eux, d'abord des accès de désespoir, puis l'apathie et enfin l'aliénation mentale. »

Et comment serait-il possible de maintenir parmi les criminels un silence absolu, si on ne les domine sans cesse par la terreur d'un châtiment prompt et rigoureux ? Dans les prisons d'Amérique, cette discipline, fondée sur les coups, est d'autant plus funeste, qu'elle est exercée avec plus d'arbitraire.

« Après avoir imposé l'absurde loi du silence

absolu, on a été obligé d'ordonner la peine du fouet pour un mot, pour un signe, un regard, pour un peu de nonchalance, pour un oubli, un retard dans l'ouvrage ou une distraction ; et le faire administrer immédiatement par tous gardiens subalternes, et quand il leur plaît. C'est dans l'impossibilité où l'on s'est trouvé de maintenir le silence, qu'on a ordonné des châtiments contre nature pour faire observer une loi qui est aussi contre nature. » (De Larochefaucauld-Liancourt).

Gustave de Beaumont et de Tocqueville reconnaissent l'impossibilité de maintenir le silence sans le secours des coups. Et ces châtiments odieux, il faut les laisser à l'arbitraire des gardiens ! ils se demandent si la société a le droit de punir de châtiments corporels le condamné qui ne se soumet pas !

Dans la prison de Coldbathfields (à Londres) où le système du silence passe pour être porté à son plus haut degré de perfection, il y a eu dans le cours de l'année 1836, 5, 138 punitions infligées pour avoir juré ou causé, et cela sous la direction d'un gouverneur éminemment intelligent et capable, qui dispose de tous les moyens possibles de se faire craindre et obéir.

D'un autre côté, la nécessité de réprimer et de punir sur le champ toutes les infractions à la règle du silence, sans admettre de justification, livre le patient à la discrétion des surveillants, qui, pour lui, ne sont plus que des bourreaux.

L'imagination peut difficilement se figurer es conséquences d'un pouvoir aussi arbitraire, confié à des hommes de base extraction et d'une éducation plus-que négligée.

La règle du silence exige de la part des gardiens, un exercice tellement continu de leur attention sur chacun des détenus confiés à leur garde, qu'il faut, en quelque sorte, que leurs sens toujours éveillés ne soient distraits par aucune chose extérieure; ce qui est matériellement impossible, quelque court qu'on rende le temps de surveillance pour chacun d'eux; et, sous l'empire de cette surexcitation, un levain d'irritation fermente dans le cœur de ces hommes, et les rend au moins sans pitié, s'ils ne deviennent cruels.

Mais on a reconnu que les châtiments corporels, tout cruels et multipliés qu'ils sont, et en raison même de leur multiplicité, ne servent ni à réprimer les infractions, ni à les prévenir...

Il n'y a pas de menaces, de craintes, de mesures de surveillance qui, puissent empêcher des hommes journellement enfermés ensemble, travaillant côte à côte, au même ouvrage, de se communiquer, de s'entendre, d'échanger un mot à voix basse, un signe, un geste, un regard ; l'expérience apprend, en effet, qu'une nouvelle se propage aussi vite dans l'intérieur d'un pénitencier soumis au silence, que dans l'intérieur d'une ville... Mais, admettons pour un instant que dans les ateliers, à l'aide du fouet ou de tout autre moyen, on puisse obtenir le silence; à l'infirmerie, ce régime si sévère n'est plus praticable. Or, dans un temps donné, presque tous les détenus passent successivement à l'infirmerie, et là s'établissent nécessairement ces relations qu'on s'efforce en vain d'empêcher...

Au surplus, à Londres, les voleurs s'exercent aujourd'hui à un langage par signes, argot de nouvelle espèce, depuis qu'ils savent que le silence est imposé dans certaines prisons.

Mais, ce qu'il y a d'éminemment défectueux dans le système d'Auburn, c'est qu'il laisse, pendant le jour, aux prisonniers la faculté de se voir et la possibilité de se parler. N'est-ce pas donner à l'immoralité une latitude beaucoup trop grande, et rendre illusoire le régime cellulaire de la nuit?

On répond à cela que dans ce régime, le silence est de règle; qu'il est maintenu par la crainte des châtiments terribles, toujours suspendus sur la tête des prisonniers; mais ce châtiment lui-même, n'est-il pas un moyen affreux, une horrible nécessité? Est-ce, dit Demetz, en soumettant des hommes à un traitement abrutissant, odieux, dégradant à la fois pour celui qui frappe et pour celui qui est frappé, qu'on peut espérer de les moraliser, de leur rendre l'estime d'eux-mêmes, et celle de leurs semblables!

Ce qui est encore révoltant dans ce système, c'est de voir, qu'en échange de ces punitions et de tant d'autres, toutes aussi absurdes que barbares, il est un grand nombre de pénitenciers, où l'on n'admet aucune récompense. A Auburn, on ne tient aucun compte au prévenu de sa sagesse et de sa soumission. On ne lui fixedans le travail aucune tâche; il doit travailler sans relâche et ne reçoit aucun salaire; et, soit dans l'ouvrage, soit dans la conduite, on ne reconnaît aucune différence entre celui qui fait bien et celui qui fait mal, excepté dans le cas fréquent de punition.

Quant aux récompenses, il n'y en a aucune, ni pour celui qui travaille mieux, ni pour celui qui se conduit mieux; en en mot, tout est puni, rien n'est récompensé.

Le vice capital de la règle d'Auburn, celui sur lequel tout le monde est d'accord, c'est donc de ne pas empêcher les prisonniers de faire connaissance entre eux, et de les soumettre à un régime barbare pour empêcher les communications, sans pouvoir atteindre ce résultat.

Cependant, on ne saurait empêcher des prisonniers qui se voient tous les jours de se remarquer, de se frapper des traits de leurs compagnons, de chercher à savoir ce qu'ils sont, d'où ils viennent, la cause de leur détention, l'époque de leur sortie, et d'user de toutes les ruses propres à atteindre leur but.

Si donc, quoi que l'on fasse, les prisonniers ont la faculté de se communiquer leurs pensées, en dépit de toute crainte et de toute rigueur, de quelle nature pense-t-on que doivent être ces communications, ces confidences ? Ce ne sont que mots de ralliement, signes de révolte, obscénités, dérisions, blasphèmes, menaces contre les gardiens et les chefs de l'établissement.

Voilà ce qui sort de la bouche des condamnés; aussi, dit Demetz: « Au lieu de sortir améliorés de la prison pénitentiaire d'Auburn, ils la quittent avec la haine de la société dans le cœur, et le désir de s'en venger par de nouveaux outrages contre les lois. »

En effet, à peine libérés, les détenus qui se sont connus dans les prisons Auburniennes, peuvent et vont se retrouver, et former ces associations de malfaiteurs qui deviennent, pour la société, des ennemis d'autant plus implacables, qu'ils ont eu plus à souffrir de la torture morale et des violences physiques auxquels ils ont été soumis pendant leur détention; d'un autre côté, cette connaissance que les condamnés ont les uns des autres, rend tout retour au bien impossible, de la part de ceux, qui, effrayés par la rigueur du châtiment, ou qui, atteints de repentir, chercheraient à se créer une existence honnête; parce que leurs anciens compagnons de captivité auront bientôt découvert leur retraite, et mettront à profit ces dispositions pour faire acheter leur silence, pour les entraîner dans de nouveaux crimes, ou au moins pour les compromettre, de manière à rendre leur témoignage suspect, et à faire peser sur eux la solidarité de leurs méfaits (V. Foucher).

Sous cette discipline, tous les actes des prisonniers sont forcés ; on les matérialise, on leur enlève l'exercice de leurs facultés intellectuelles. Le fouet... voilà le critérium de ce régime ; il en est le symbole.

En somme : le régime d'Auburn est mauvais, parcequ'il abrutit l'homme, parcequ'il ne le détourne pas du crime, et qu'il ne le moralise pas. Le résultat du système rigoureux qu'on y impose, c'est de distraire l'attention des condamnés, de leur faire perdre de vue le souvenir de leurs fautes et de leurs crimes, de les détourner de la méditation et du repentir ; des pensées que leurs méfaits devraient leur inspirer, pour occuper toutes leurs facultés à trouver les moyens de se soustraire à la règle du silence forcé, qui est pour eux un véritable supplice de Tantale.

MM. Russell et Crawford, inspecteurs-généraux des prisons d'Angleterre, résument ainsi qu'il suit les inconvénients de ce système. « Le système du silence, institué à Auburn pour prévenir les inconvénients et les dangers de la réunion des coupables, est compliqué dans son mécanisme, embarrassé dans sa marche, et impropre au but qu'il veut atteindre. Je n'hésite pas à dire, ajoute M. Crawford, que : si, lors de la rédaction de mon premier rapport, j'avais connu tous les inconvénients de la loi du silence, comme j'ai été à même de le faire depuis, aucune considération n'aurait pu m'empêcher de protester avec force contre son application, sous quelque forme et avec quelques modifications que ce fût. »

L'opinion publique a donc été bien gravement trompée lorsqu'on lui a présenté, pour une institution philanthropique, comme un moyen d'amélioration morale, l'exercice le plus dur de l'intimidation violente et les châtiments corporels.

« Partout, dit M. le docteur Bonnet (1), ce régime eut les résultats les plus désastreux. A Auburn, sur 80 détenus, plusieurs moururent; beaucoup perdirent la raison; les autres étaient si haves, si décharnés, si évidemment menacés d'une fin prochaine, que les magistrats effrayés, repentants peut-être d'avoir autorisé l'application d'un régime si barbare et si meurtrier, leur firent sur le champ la remise de la peine qu'ils avaient à subir. »

Dans quelques prisons d'Amérique, on a institué des chants orphéoniques pour contrebalancer les mauvais effets du silence obligatoire; mais les prisonniers n'en sont pas moins en contact les uns avec les autres; ils peuvent par conséquent établir des relations entre eux, et c'est là ce qu'il faut empêcher à tout prix.

Enfin, dans certaines localités, où l'on avait adopté le système auburnien, on a modifié celui-ci par l'isolement de jour et de nuit, par le travail en particulier et l'avantage de communiquer avec les employés de la prison, etc. C'est la base du régime

(1) Congrès de Bordeaux.

adopté à Philadelphie et en Pensylvanie, et dont nous allons parler immédiatement.

En 1843, on a essayé d'introduire en France, ce système qui est maintenant appliqué chez nous à la prévention.

2° *Système de Philadelphie ou Pensylvanie.*

Le système de Philadelphie est celui de la *séparation absolue* et *continue*, tant de jour que de nuit, des prisonniers entre eux; de telle sorte, qu'ils n'aient aucune espèce de rapports ni de communication les uns avec les autres, et qu'après leur libération, ils ne puissent même retrouver leurs compagnons de captivité.

Voici en peu de mots quel est le régime intérieur en usage dans les prisons dites philadelphiennes :

A son arrivée au pénitentier, le détenu est visité par le médecin; il est lavé, rasé, et reçoit le costume de la maison. Ses yeux sont couverts d'un bandeau; deux gardiens le conduisent dans l'intérieur de la prison, devant le directeur qui lui adresse des exhortations et lui fait connaître la nécessité de se soumettre à la discipline du pénitencier; puis, arrivé dans sa cellule, on lui découvre les yeux, on l'enferme seul, on le laisse à ses réflexions; le numéro placé sur sa porte devient désormais la seule désignation du prisonnier.

Bientôt ce prisonnier demande de l'ouvrage ou des livres, et alors seulement on lui en procure. S'il sait un des états exercés dans la prison, il y travaille; autrement, un des gardiens lui apprend un métier.

Tous les détenus sont soumis au même régime et à la même discipline ; tous doivent travailler, et chacun travaille séparément dans sa cellule. Il y a dans les pénitenciers de Philadelphie des tisserands, des cordonniers, des tailleurs, des éplucheurs de laine, des menuisiers, des ébénistes, des horlogers, bijoutiers (etc., etc.,) métiers qui assurent à ceux qui les connaissent une existence honnête après leur libération, s'ils ne reprennent pas leurs premières occupations, ou s'ils ne s'adonnent pas à l'agriculture.

Dans le système cellulaire, la séparation matérielle, effective, des condamnés, remplace toutes les mesures si sévères et si rigoureuses qui sont nécessaires dans le système d'Auburn pour les empêcher de communiquer entre eux ; mais de plus, ils peuvent recevoir les visites des personnes ayant mission de leur faire connaître la nécessité du retour aux sentiments religieux et sociaux, même dans leur propre intérêt.

Les châtiments qui, du reste, sont rares dans cette règle de Pensylvanie, consistent dans le retrait des livres et la diminution de nourriture.

L'approbation des chefs est la seule récompense de la soumission et de la bonne conduite des prisonniers. Lorsque ceux-ci sont malades, ils sont transférés dans des cellules d'infirmerie, où ils sont traités isolément. On ne dresse point de *tableau de grâces* dans ces pénitenciers.

La situation morale dans laquelle sont placés les détenus dans ce système, est éminemment propre à faciliter leur régénération; « nous avons « remarqué plus d'une fois avec étonnement, dit « Demetz, le ton sérieux que prennent les idées « du condamné soumis à ce régime. »

La gradation de la sévérité de la discipline peut s'effectuer dans toutes les nuances dont la nature de la condamnation et la position du coupable la rend susceptible, sans qu'il soit nécessaire d'aggraver le châtiment, comme dans le système auburnien, par l'application de peines corporelles abandonnées à l'arbitraire d'agents subalternes. Aussi, dans la prison Philadelphienne, le système semble-t-il opérer de lui-même ; tandis qu'à Auburn et dans les établissements de même nature, son efficacité dépend surtout des hommes qui sont chargés de l'exécution.

Dans le système cellulaire, où tous les prisonniers sont isolés et sans aucuns rapports les uns avec les autres, une même prison peut contenir les prisonniers de toutes les catégories : forçats, réclusionnaires, correctionnels, prévenus, femmes, enfants, etc., sans aucun inconvénient ; on est ainsi dispensé de construire des prisons spéciales pour chaque nature de prisonniers.

Enfin, le système Philadelphien a le grand avantage de ne pas permettre aux détenus de se connaître à l'intérieur : « Celui, dit Demetz, qui, à l'expiration de sa peine, sort de cette prison pour rentrer dans la société, ne trouve dans les autres libérés qu'il ne connaît pas, aucun aide pour faire le mal; et s'il veut rentrer dans la bonne voie, il ne trouve personne qui l'en détourne. »

Ainsi par le système de la séparation cellulaire, on a la certitude que les condamnés ne seront pas démoralisés.

Il résulte nécessairement de cela une diminution graduelle du nombre des crimes, et surtout des récidives ; de là, diminution de plus en plus décroissante de la population des prisons et abaissement proportionnel de la dépense de leur entretien; de là aussi, diminution progressive des frais de justice si onéreux pour le trésor.

La séquestration cellulaire, et à notre avis, c'est l'un de ses principaux avantages, permet par son efficacité de réduire de beaucoup la durée des peines, ainsi que cela se pratique maintenant aux États Unis; il en résulte une économie considérable de temps pour le condamné, et d'argent pour le trésor public.

Dans le système de la séparation cellulaire, le choix des gardiens devient beaucoup plus facile, leur tâche se bornant à une surveillance très-simple et en quelque sorte mécanique.

Le système de Philadelphie, accueilli dans le principe avec la plus grande faveur, adopté et mis à exécution, dans un grand nombre de localités, à été modifié d'abord, puis ensuite abandonné, et même supprimé dans plusieurs pays.

On a fait à ce système pénitentiaire plusieurs reproches, des objections sérieuses que nous devons faire connaître et dont il importe beaucoup de déterminer la valeur.

La plus grave de toutes, c'est l'influence fâcheuse et délétère qu'exercent, tant au physique qu'au moral, l'emprisonnement solitaire et l'isolement prolongé des détenus. «Cet isolement, se demande Bérenger, cette absence de toute distraction, cet abandon complet dans lequel s'écoule la vie du condamné, cette oisiveté dévorante, ne doivent-ils pas trop vivement agir sur le moral, ne peuvent-ils pas le troubler, et par suite affaiblir les forces du détenu et altérer sa santé ?... »

Nous ne contesterons pas, assurément, que l'emprisonnement continu, rigoureux, trop longtemps prolongé, dans une cellule étroite et malsaine ne puisse amener un affaiblissement plus ou moins considérable des forces physiques de l'individu, une prédominance du système lymphatique, une certaine diminution des forces vitales; mais *c'est là un abus* très-regrettable, et ce n'est point la règle du système.

Il est possible de remédier, en grande partie du

moins, aux accidents dont nous venons de parler et même de les éviter : 1° En donnant aux chambres ou cellules des dimensions suffisantes ; 2° En établissant des promenoirs aérés où les détenus peuvent aller successivement prendre l'air, faire de l'exercice ; ce qui a été déjà mis en pratique. 3° Surtout, en abrégeant notablement, et c'est là le point important, la durée de l'emprisonnement cellulaire, qui est, après tout, une aggravation considérable, extra-légale, de la peine prononcée contre les coupables. « Ceux qui parlent du régime de Pensylvanie, sans l'avoir vu fonctionner, dit Demetz, s'en font en général une opinion tout-à-fait fausse ; on s'imagine que l'emprisonnement solitaire est la réclusion dans une cellule sombre, étroite et malsaine, où le détenu est privé d'air et sans occupation, où il ne reçoit pour nourriture que du pain et de l'eau, où enfin il se consume dans le marasme de la solitude et court inévitablement à la démence ou à la mort ; tandis que l'emprisonnement séparé, tel qu'on doit l'entendre aujourd'hui, c'est la réclusion dans des chambres, spacieuses, claires, aérées, chauffées ; avec le travail régulier, l'instruction morale et religieuse et les visites journalières du chapelain et des officiers de la prison, ainsi que des diverses personnes chargées de consoler et d'instruire les prisonniers. »

Le système cellulaire continu n'est donc pas la solitude absolue, l'interdiction complète de tout commerce humain : mais bien seulement, la séparation absolue et continue des détenus entre eux, la suppression de relations funestes, qui sont remplacées par les visites du directeur, des inspecteurs et d'hommes de bien dont la conversation, l'exemple et les conseils ont pour but de ramener les condamnés à des sentiments honnêtes et moraux. Ces visites plus ou moins fréquentes apportent une heureuse diversion à la vie solitaire des prisonniers, en adoucissent l'amertume et la monotonie.

Ainsi le régime philadelphien étant appliqué d'une manière convenable, avec humanité est appelé à produire les meilleurs résultats.

Ce régime a néanmoins ses détracteurs ; plusieurs hommes sérieux, honorables, s'en déclarent les adversaires et vont jusqu'à contester, à dénier même à la société, à l'État le droit d'en faire l'application aux condamnés.

« Aucun ministre, aucun arrêt, ni aucune loi, s'écrie le Marquis de Larochefoucauld-Liancourt, n'a le droit d'infliger l'encellulement. La société doit se préserver, mettre hors d'état de nuire celui qui a été coupable et qui paraît encore dangereux ; mais la société ne doit pas attaquer la raison de l'homme, cette intelligence qui lui vient de Dieu ; et le prétexte de la régénération, trop souvent invoqué pour créer des tourments, doit l'être ici pour les condamnés ; car on ne peut plus régénérer un homme quand on commence par le priver de sa raison. Horreur, mille fois horreur d'un système qui détermine l'aliénation de notre intelligence ! Le Botany-Bay des Anglais, est préférable aux tombeaux vivants des Américains. »

« La solitude absolue, a-t-on dit (1), est la peine de mort morale ; elle aboutit à la folie et au suicide. On en a reconnu le danger, et l'on a imaginé de l'amoindrir en partageant le temps du prisonnier entre la cellule pour la nuit et le travail en commun pendant le jour, mais en conservant la règle du silence absolu. Il n'y a pas de différence entre ces deux systèmes ; la nuit le prisonnier a pour cellule les murs de son cachot, et le jour, il a pour cellule lui-même, ce silence affreux qui l'entoure. Le système auburnien ainsi modifié, ne réalise pas les avantages qu'on en avait espérés. »

A l'appui de l'assertion que l'emprisonnement cellulaire prédispose à l'aliénation mentale et au suicide on apporte des statistiques, qui semblent en effet la confirmer. — Cependant, peut-on vraiment dire que les hommes qui se sont rendus coupables de grands crimes, jouissent de la plénitude de leurs facultés intellectuelles et morales ? C'est là une question bien grave, et qui mérite d'être sérieusement examinée, étudiée par les médecins légistes, par les magistrats et par tous les hommes de conscience.

(1) M. Tellières. — Congrès de Berne.

La perte de la raison doit être nécessairement plus fréquente chez les coupables que chez les hommes moraux ; car, les causes des crimes sont également celles de la folie ; la débauche, l'intempérance, la vengeance, la haine, l'amour, la jalousie, la misère, les malheurs domestiques, conduisent à l'un et à l'autre, et quelquefois de l'un à l'autre.

Il y a toujours quelque chose d'anormal, dans l'intelligence de l'homme qui pèche contre la morale ou qui viole les lois sociales... Son crime n'est que le paroxisme de son état; et même le juge se trouve souvent dans l'impossibilité de le constater, de reconnaître jusqu'à quel point la volonté se trouve compromise ou engagée par l'action de cette cause intime sur le coupable.

On a constaté officiellement, en Amérique, que les deux tiers des prisonniers atteints d'aliénation mentale dans les pénitenciers, avaient déjà éprouvé des symptômes du mal avant leur entrée dans l'établissement. Il faut noter en outre, qu'en Amérique, l'abus des liqueurs fortes, dans la classe indigente et chez les hommes adonnés à la débauche, rend l'aliénation mentale assez fréquente dans cette classe.

Ce que nous venons de dire au sujet de l'aliénation mentale, chez les prisonniers, peut s'appliquer au suicide : « Il est prouvé par les statistiques, dit M. Guillot, que la classe dans laquelle il y a le moins de suicides est celle des prisonniers.

En effet, si l'accusé a la conscience de son innocence, il attend avec résignation le jour de son triomphe; si, au contraire, il se sent coupable, son âme, déjà avilie par l'action même qui cause sa détention, s'habitue facilement à son sort actuel et à celui qui l'attend. »

Les documents statistiques recueillis dans la prison cellulaire d'Amsterdam, relativement à l'état sanitaire des hommes qui y sont détenus, démontrent que leur santé s'y conserve aussi bien que partout ailleurs.

La prison d'Amsterdam s'ouvrit le 1er octobre 1850 avec ses 208 cellules, dont 169 pour des hommes et 39 pour des femmes; depuis ce temps jusqu'au 8 août 1865, elle a reçu 7,931 hommes 2,001 femmes, ensemble, 9,932 individus; et dans ce nombre il n'y a eu que 5 à 6 malades par jour.

Durant ces quinze années de son existence, la mortalité s'est élevée au chiffre de 43; quatorze malades étaient atteints, à leur arrivée, de la phthisie pulmonaire; et d'autres d'une autre maladie mortelle.

Le médecin de la prison de Mazas, questionné sur l'état sanitaire des prisonniers, a déclaré n'avoir point observé parmi eux de cas d'aliénation mentale: mais le séjour des prisons cellulaires fait rapidement empirer l'état des poitrinaires et des rachitiques; quant aux tentatives de suicide, il y en avait eu plusieurs.

M. le conseiller Bérenger, dans son *mémoire*:

sur les moyens propres à généraliser le système pénitentiaire en France, reconnaît que la règle de Pensylvanie, favorise la réflexion et le retour sur soi-même; qu'il rend la surveillance plus facile, et les évasions presque impossibles ; qu'il simplifie la discipline intérieure; que les détenus étant étrangers les uns aux autres, ne sont plus exposés à se reconnaître dans le monde, et que par suite les associations coupables après libération, deviendront moins possibles entre eux ; il hésite cependant, parce qu'il craint pour l'altération de la santé, pour l'insuffisance de l'instruction morale et industrielle ; il s'effraie des dépenses de construction qu'entraîneraient des établissements pénitentiaires d'après le système de Philadelphie.

Depuis longtemps ce système a réuni les suffrages d'un grand nombre d'hommes spéciaux qui ont profondément étudié cette matière ; il nous suffit de nommer MM. Ducpetiaux, Moreau-Christophe, Victor Foucher, de Brétignière, etc.

M. Crawford, directeur du Pénitencier de Londres, écrivait : « Plus j'ai étudié le système de Philadelphie, plus j'y ai réfléchi, plus s'est affermie ma confiance dans sa valeur inappréciable, soit qu'il s'agisse des prévenus, soit qu'il s'agisse des condamnés ; je suis maintenant non seulement convaincu de sa supériorité sur le système du silence; mais je crois aussi que c'est le seul plan qui protège les prévenus contre la corruption, et qui effraie, corrige et réforme le coupable. »

« Il ne faut pas, ajoute Demetz, partager les alarmes qu'affectent certains adversaires de l'emprisonnement séparé, et qui se plaisent à créer des chimères pour le combattre ensuite avec plus d'avantages. »

En définitive, l'expérience a démontré que les Pénitenciers de Philadelphie présentent un état sanitaire plus satisfaisant que celui des prisons françaises ; c'est ce qui résulte des divers documents statistiques.

Pour nous, nous n'hésitons pas à dire que non seulement ce régime arrête et prévient la corruption des prisonniers, en leur interdisant toute communication entre eux, mais en outre, qu'il rend l'ordre et la discipline faciles, et prépare même le prisonnier à l'amélioration morale. Le système cellulaire, convenablement appliqué, répond seul aux exigences de la justice qui punit, et de l'humanité qui corrige ; seul il punit sans corrompre, seul il permet de tenir compte des circonstances dans lesquelles se trouvent placés les détenus.

Les essais faits et l'expérience acquise dans les divers pays où le système cellulaire a été appliqué, avec discernement, tendent à prouver : que ce système convenablement employé, n'entraîne pas les inconvénients et les dangers que lui attribuent ses antagonistes, et qu'il répond, au contraire, à tous égards au triple but de la peine : L'expiation, l'intimidation et l'amendement.

Dans notre opinion, les inconvénients et les

dangers que l'on a reprochés au système philadelphien, sont le résultat, moins du système en lui-même que de l'application inintelligente que l'on en a faite ; des abus auxquels on s'est laissé aller, en prolongeant d'une manière atroce et démesurée, l'isolement cellulaire, sans tenir compte de l'aggravation de peine qu'elle inflige aux détenus.

3. *Séparation par catégories.*

Les inconvénients dont nous venons de parler ont déterminé l'administration française à substituer à la détention solitaire, la détention par classes ou par catégories séparées, des condamnés, criminels, correctionnels, etc.

La question de la réforme des prisons, chez nous, a été provisoirement tranchée en 1852 par deux décrets qui remplacent : le premier, la peine des galères par la déportation ; le second : la réclusion cellulaire par le régime de la *séparation par quartiers*. Ce mode, qui est prescrit aujourd'hui en France, consiste à diviser et à distinguer les condamnés en catégories, qui sont formées d'après la nature et la gravité des crimes ou délits, d'après la durée de la peine, de manière à séparer les hommes, les femmes, les enfants, les prévenus et les accusés, les condamnés pour crimes ou correctionnellement, les récidivistes, les jeunes coupables qui débutent dans la carrière du crime, les détenus pour dettes.

Chacune de ces catégories doit habiter un *quartier* particulier du bâtiment, *distinct* et *séparé* des autres.

« Notre pensée, disait le ministre de l'intérieur, en 1844, n'est pas de soumettre les détenus à une séquestration complète, à une solitude absolue. Tel n'est pas le système du projet de loi et c'est ce qui le distingue du système américain, dont nous n'adopterons pas les rigueurs; nous voulons séparer les condamnés de la société de leurs pareils, les tenir éloignés des mauvais exemples, des mauvaises relations; mais nous voulons en même temps multiplier autour d'eux les relations morales et honnêtes. »

Une circulaire du ministre de l'intérieur (1853) aux préfets, porte en termes formels que le *gouvernement renonce à l'application de l'emprisonnement cellulaire, pour s'en tenir au régime de la séparation par quartiers.*

Dans ce système quelque soit le genre de prison où ils subissent leur peine, les prisonniers doivent être divisés en plusieurs catégories qui comprennent : la première, les condamnés pour crimes ; l'autre, les condamnés pour de simples délits et qui se subdivisent elles-mêmes chacune en deux séries : les récidivistes et ceux qui en sont encore à leur première condamnation.

Cette classification, si naturelle et si facile, est

déjà, selon M. le Dr Bonnet, un grand pas de fait vers le but qu'on veut atteindre; car en séparant les condamnés pour crimes, des condamnés pour de simples délits, et les récidivistes de ceux qui ne le sont pas, il est évident qu'on met un grand obstacle à la propagande qui s'opère dans nos prisons, et contre laquelle on a de si justes motifs de s'élever.

Mais la séparation des condamnés par catégories, qui met en contact habituel et qui réunit dans un même quartier, un grand nombre de malfaiteurs et d'hommes pervers avec des hommes condamnés, peut-être injustement et parconséquent innocents, satisfait-elle aux conditions exigées pour prévenir et empêcher la contagion du vice, réformer les coupables, les améliorer et en faire d'honnêtes gens, dignes d'être rendus à la société? Assurément non.

Les conversations irritantes, les mauvais propos entretiennent l'exaltation dans les têtes les plus calmes, encouragent les entreprises de révolte. Douze individus réunis se croient une armée; dans la solitude, rien de semblable ne peut avoir lieu.

Le plus mauvais sujet, isolé, bien convaincu de l'inutilité de ses tentatives, s'habitue à sa position; il reste aussi calme qu'il aurait été effervescent ou dangereux à la tête de plusieurs de ses camarades.

D'un autre côté, toute peine subie en commun est une peine essentiellement injuste; car elle ne saurait être égale pour tous ceux qui s'y trouvent. En effet, deux criminels punis pour un fait semblable, peuvent être cependant d'une moralité et d'une culpabilité bien différentes.

Enfin la réunion des condamnés, outre qu'elle amortit l'effet répressif de la peine, alimente leur amour-propre, par l'idée de n'être pas seuls à expier les excès d'une vie déshonorée.

La solidarité de la honte, en efface presque l'empreinte; et, les récidivistes qui rentrent au pénitencier, après une absence plus ou moins longue, y produisent encore de plus tristes effets, en rapportant à leurs anciens compagnons, cette conviction fatale, que la société les repousse, et que tout retour au bien, leur est désormais fermé.

« Si nos prisons et nos bagnes sont aujourd'hui d'une inefficacité si déplorable, si le criminel n'en est point effrayé; s'il vient avec une révoltante effronterie, braver jusque sur les bancs des cours d'assises, le glaive émoussé de la justice, la cause en est là : c'est qu'il a la certitude de retrouver dans les prisons et dans les bagnes, ses habitudes et ses relations de société.

« Quant aux criminels de profession, à ceux qui forment une société gangrénée, les prisons ne sont pas un frein, un châtiment, ils les considèrent comme de bons quartiers d'hiver; ils y ont leurs plaisirs, ils y règnent. Là, ils font trophée de leurs méfaits; ils y forment des élèves; ils s'y font même enfermer pour y trouver des complices; connaissant parfaitement les règlements, ils s'y soumettent, car ils savent que la grâce ne se fera pas attendre. (V. Foucher).

Ajoutons que la réunion d'un grand nombre de condamnés, dans un même local, présente elle-même des dangers imminents pour la sûreté de ceux qui les gardent. Il suffit que la vigilance s'endorme un instant, pour que la révolte éclate, et que les barrières soient renversées.

On doit tout redouter de la tendance inévitable, à conspirer, d'hommes qui y sont poussés par le besoin si puissant de recouvrer la liberté, de se soustraire aux exigences d'un régime sévère.

On objecte en faveur de la division par quartiers : 1° que toutes les précautions que l'on a prises si minutieusement et qu'on maintient avec tant de sévérité, dans d'autres systèmes ont été souvent inutiles dans les établissements pénitentiaires, où le détenu est complétement seul et isolé de jour et de nuit; 2° que dans toutes les prisons, il y a, il y aura toujours des relations plus ou moins faciles entre tous ceux qui en voudront entretenir; cependant il faut convenir que dans le système de la séparation individuelle, convenablement établie, ces sortes de relations, si parfois elles ont lieu, seront toujours très-incomplètes et formeront une assez rare exception.

Au surplus, suivant M. le Dr Bonnet (1), on a

(1) Congrès scientifique de Bordeaux, 1861, T. V.

tort de tant se préoccuper des inconvénients et des dangers de la réclusion collective; elle est seulement l'une des causes qui contribuent à entretenir, à augmenter le malaise social; et, au lieu de se mettre en si grands frais de répression pour elle, on aurait dû réfléchir que les individus qu'on veut lui soustraire, ne constituent qu'une fraction minime de la société, et que celle-ci a bien plus à craindre des dissolvants moraux qui la travaillent, en dehors des bagnes et des prisons.

« Il ne faut pas perdre de vue, ajoute le même auteur, qu'on a exagéré les dangers de la promiscuité; il est pour lui on ne peut mieux démontré, que sans le délaissement, le mépris, les persécutions qui attendent les libérés dans le monde, la plupart s'estimeraient heureux d'y vivre honnêtement. La véritable cause de presque toutes les récidives, c'est la *surveillance*, l'une des plus fâcheuses innovations de l'époque contemporaine. »

Quant à nous, le défaut, le vice radical de la *séparation incomplète*, ou plutôt de la *réunion* des malfaiteurs dans un même quartier, ou du système des catégories, c'est qu'ils vivent ensemble, qu'ils se connaissent et se démoralisent mutuellement; c'est qu'ils forment des projets, se donnent des rendez-vous, pour l'époque de leur sortie, qu'ils s'associent et combinent ensemble les moyens de se soustraire à la justice, dussent-ils le faire au moyen d'un crime?

Cela seul suffit pour que nous repoussions de

toutes nos forces le système bâtard et démoralisateur de la détention collective, par quartiers, des condamnés, quand même ils seraient divisés en autant de catégories distinctes qu'on le voudra. N'y eût-il que trois coupables ensemble, c'est trop! le système pèche par sa base; il est radicalement vicieux.

Le compte rendu de la justice criminelle, en France (1865), vient confirmer de la manière la plus évidente, notre opinion à cet égard. — Répétons-le, et bien haut;

« Sur 30,000 condamnés, qui ont été libérés « de 1859 à 1863, il y en a eu 12,605, ou plus de « 42 pour cent, qui ont été repris pour de nou- « veaux méfaits dans l'année même de leur libé- « ration ou les suivantes. »

4° *Système suisse de Genève ; de Lausanne (etc).*

A Genève, les détenus sont séparés en plusieurs catégories, formées d'après la nature, la gravité ou la durée de la peine, et aussi d'après la bonne ou mauvaise conduite des prisonniers. L'emprisonnement cellulaire pendant la nuit et le travail *silencieux en commun*, pendant le jour sont la base de la discipline.

Les prisonniers sont soumis à un régime dont la sévérité est graduée d'après le quartier dans lequel ils sont classés.

En entrant dans la prison, ils sont tous enfermés solitairement, dans une cellule, pendant un temps qui peut s'élever jusqu'à trois mois pour les condamnés de la première division : criminels et récidivistes ; et qui peut n'être que de trois jours pour ceux de la quatrième, (jeunes gens et améliorés).

La règle du silence doit être maintenue dans les cellules et pendant le travail ; mais tandis qu'elle est absolue pour les prisonniers des première et deuxième divisions, elle diminue de sévérité dans les deux autres classes et pendant les heures de repos.

Les promenades ne peuvent être que solitaires pour les condamnés des deux premières divisions.

La moitié des gains du travail appartient aux prisonniers; elle est divisée en deux parties égales ; l'une sous le nom de réserve, forme leur masse de sortie ; l'autre leur denier de poche ; mais l'usage que les détenus peuvent faire de cette dernière portion se trouve limité, suivant la division dont ils font partie. Ainsi, ceux de la première division ne peuvent l'employer que pour se procurer un supplément de pain de la maison, des fournitures d'écriture, ou de petits ouvrages, pour envoyer des secours à leurs familles ; les détenus de la quatrième division peuvent y ajouter du fromage, de la conserve (etc., etc.).

Les prisons de Genève, comme celles de la plupart des autres pays, n'étaient avant la réforme qu'un repaire de mauvais sujets, réunis, confondus dans les mêmes locaux, où le jeune homme condamné pour une première faute achevait de se corrompre au contact du brigand consommé et en écoutant ses maximes. Là régnaient la fainéantise, le jeu, l'usage immodéré des boissons; tous les vices enfin, auxquels le laisser aller, qui était toléré, à cette époque, permettait de se livrer ; et le nombre en était grand.

Aujourd'hui, les deux prisons qui renferment tous les détenus du canton, savoir, la maison de détention et la prison pénitentiaire, sont des maisons d'arrêt, d'ordre, où le silence a succédé aux conversations impies et aux propos licencieux ; où la nourriture et la boisson sont soumises à un règlement auquel il ne peut être dérogé, qu'avec l'autorisation du médecin ; où le prisonnier, précédemment livré au crime, par les besoins qui naissent de l'oisiveté et d'une vie déréglée, apprend un état ; contracte forcément l'habitude du travail ; entretient sa santé par un exercice modéré de chaque jour et se crée un petit pécule, qui lui est compté à sa sortie de prison, afin que les tentations de la misère ne viennent pas immédiatement l'assaillir et le forcer, pour ainsi dire, à commettre de nouveaux crimes pour soutenir son existence. Enfin, les besoins moraux et intellectuels sont satisfaits par la lecture de bons livres, dans les moments de récréation ; par des entretiens avec l'aumônier de la maison ou avec les personnes pieuses et charitables qui s'occupent de l'amélioration et de l'avenir des prisonniers.

Néanmoins, la discipline de Genève, quoique beaucoup plus généreuse que celle d'Auburn, ne saurait cependant atteindre le but social; la raison en est simple.

La classification des condamnés d'après la nature de leur peine et leur moralité, avec promotion dans d'autres divisions, selon la conduite qu'ils tiennent en prison, amène par suite de ces changements successifs, la confusion de toutes les moralités légales; ce qui est un premier vice, car il est souverainement injuste d'enfermer un homme coupable de crimes avec celui qui n'est coupable que d'un délit; par exemple un incendiaire ou un parricide avec un coupable de coups et blessures. On aggrave ainsi la peine du second; on la dénature même; de plus, on fausse par le mode d'exécution de la loi la distinction qu'elle a cru devoir établir entre les différentes espèces de peines, selon la gravité de l'infraction.

Le système de Genève présente encore l'inconvénient capital de permettre aux détenus de se connaître mutuellement, et par conséquent de se retrouver à leur sortie de prison : et, dans cette position respective, il faut au libéré vraiment repentant un grand courage et une vertu presque surhumaine pour ne pas se perdre de nouveau. (V. Foucher.)

Enfin, la classification en quatre divisions, en

diminuant la sévérité du régime intérieur, présente encore le grave inconvénient de pousser à l'hypocrisie les condamnés soumis à cette discipline ; de substituer, par suite, au véritable repentir les signes extérieurs de l'amendement : ce qui fait tourner les efforts des condamnés, à paraître ce qu'ils ne sont pas, au lieu de les appliquer à s'amender réellement. « J'ai toujours remarqué, dit M. Lyns, successivement directeur d'Auburn et de Sing-Sing, que les plus mauvais sujets faisaient d'excellents détenus. Ils ont en général plus d'adresse et d'intelligence que les autres ; ils aperçoivent mieux et plus vite que la seule manière de rendre leur sort supportable, c'est d'éviter les châtiments qui seraient la suite certaine de l'insubordination. Ils se conduisent bien, sans valoir mieux.

« D'où je conclus qu'on ne doit jamais accorder au détenu le pardon, uniquement à cause de la conduite qu'il tient en prison, car on ne parvient ainsi qu'à faire des hypocrites. »

Sous la règle de Genève, le silence règne, il est vrai, mais les communications n'en subsistent pas moins. M. Aubanel, directeur du pénitencier de cette ville, reconnaît, en effet, qu'il est impossible d'empêcher les signes d'intelligence ainsi que les mots isolés, qui échappent trop souvent à la surveillance des gardiens, et qui ont pour résultat d'amoindrir les effets de la règle du silence.

Enfin, la distribution d'un denier de poche, avec lequel les prisonniers peuvent se procurer des aliments autres que ceux qui forment l'hygiène habituelle de la maison, enlève au travail sa véritable destination, celle d'être un allégement à la captivité, un refuge contre les tristes pensées, et d'empêcher le prisonnier de sentir les privations qui doivent ressortir du châtiment, en le faisant participer à un bien être que n'exige pas la santé.

Lausanne a aussi un pénitencier remarquable, sous plusieurs rapports. La division est celle de la loi : condamnés criminels et condamnés correctionnels; le travail a lieu en commun dans chaque division. Les condamnés à la peine des fers, ont au cou un collier de fer rivé, qu'ils ne quittent jamais; le régime de leur division est plus sévère que celui de la division correctionnelle. La règle du silence est absolue dans les deux divisions depuis 1834.

Les récidivistes doivent, en outre, être soumis à la détention cellulaire continue, à leur rentrée dans la prison.

Systèmes Allemand et Hollandais.

En Allemagne, en Hollande, dans les établissements où l'on a fait des réformes, on se borne au système cellulaire absolu, même pour les peines de longue durée. Une autre école conserve la cellule, pour les emprisonnements temporaires, et adopte le travail en commun pour les longues détentions.

Un fait certain, mais inattendu, c'est que les prisonniers eux-mêmes réclament l'habitation solitaire. Du reste, l'isolement n'est pas absolu ; les prisonniers sont réunis en commun pour le culte, etc.

La société Néerlandaise prétend qu'au bout de dix ans de ce régime, on obtient d'excellents résultats... Dix ans d'un tel régime!... n'est-ce pas horrible?... y a-t-on bien réfléchi!...

En somme l'emprisonnement cellulaire a été reconnu en Allemagne comme étant le meilleur, pour les peines de courte durée.

Système irlandais.

Lorsque les colonies anglaises se sont inquiétées du grand nombre de malfaiteurs qui leur étaient envoyés de la métropole, que la transportation a été abolie, qu'il a fallu conserver en Angleterre un nombre de criminels supérieur à celui que les prisons centrales, les arsenaux, les chantiers de Portsmouth, de Chatam, etc. pouvaient contenir, les hommes d'Etat anglais se sont dit : « Que ferons-nous de ces hommes? Quels moyens emploierons-nous pour donner à la société une garantie à l'époque où ils y retourneront?

Alors on a créé une nouvelle pénalité, appelée

servitude penale; c'est l'emprisonnement irlandais. Ce système, qui se propose essentiellement la réforme des *Convicts*, a été l'objet de plusieurs actes du parlement, dont le dernier date de 1864. Son but est, par un système gradué d'adoucissement des peines, avec la perspective d'un redoublement de rigueur en cas de mauvaise conduite, de raviver, de ranimer l'espoir au fond de l'âme des condamnés.

Le système irlandais emprunte à l'emprisonnement collectif et à l'emprisonnement cellulaire ce que l'un et l'autre ont de bon. Il est fondé sur le principe de l'étude et de l'expérimentation du moral du condamné ; il donne à ce dernier la facilité de faire un stage de liberté ; il abrège la durée de sa peine suivant sa conduite; il lui permet d'avoir quelques rapports avec la société, et l'habitue peu à peu à y rentrer; c'est là ce qui caractérise ce système.

Les résultats obtenus par ce mode de punition sont satisfaisants ; ainsi le minimum des récidivistes qui avec le système cellulaire est de quatre pour cent, est seulement de deux pour cent, dit-on, avec le système *irlandais !*

Le système irlandais se distingue surtout, par l'établissement des prisons intermédiaires (*intermediate prisons*), qui forment un stage, entre la maison de détention et la mise en liberté provisoire du condamné. Le gouvernement, accorde d'ordinaire, certaines facilités aux *convicts* qui veulent aller s'établir hors d'Europe à l'expiration de leur peine (1).

Voici ce que dit du système irlandais, M. William Hastings, président d'une commission d'enquête chargée d'étudier ce système (2).

« Dans le système irlandais, la durée de l'emprisonnement est divisée en quatre périodes : dans la première, c'est l'isolement complet et absolu dans la cellule, l'oisiveté forcée ; afin qu'à l'aide de la réflexion, l'âme du condamné puisse s'ouvrir au sentiment de sa faute et en apprécier les conséquences.

« La permission de travailler dans sa cellule lui est accordée comme une faveur qu'il se hâte de solliciter ; mais il ne jouit d'aucune bonification sur son travail.

« Cette première période a une durée de quatre à neuf mois ; elle peut être abrégée lorsque le détenu se conduit bien.

« D'autres fois, le condamné est soumis à un travail forcé (*hard labour*), si la sentence le porte ; en cas d'indiscipline, on a recours aux mêmes moyens. Au-delà d'un minimum déterminé, il dépend du convict, par sa conduite, d'abréger le temps de cette réclusion. Le travail, les consolations religieuses, la lecture, s'il sait lire, soutiennent son moral ; l'exercice au préau, lui procure une utile diversion.

(1) Congrès de Berne, pages 499,492,493.

(2) Congrès de Berne, 1866-474.

A l'expiration de cette première partie de sa peine, le détenu entre dans un *quartier d'épreuve*, toujours sans gratification pour son travail. Dans cette seconde période, dont le régime se rapproche de celui d'Auburn, les détenus conservent leur cellule séparée, pour la nuit; ils travaillent le jour, en *commun*, dans des ateliers, mais avec une observation rigoureuse du silence. A la moindre faute, le convict est exposé à retourner dans sa cellule ou à voir se prolonger son temps d'épreuve. Si au contraire, il se conduit bien, il passe dans un autre quartier, ou dans une prison intermédiaire; là il reçoit une légère indemnité, (*gratuity*) pour son travail; grâce à un système raisonné de bons points (*mark system*), le détenu peut passer plus vite dans des quartiers d'amélioration ou dans d'autres prisons, où le régime est moins sévère. »

Il y a une de ces prisons intermédiaires à Blush, c'est une sorte de colonie agricole. Il n'y a pas de gardiens pour les détenus; mais s'ils ne répondent pas à la confiance qu'on leur témoigne, ils sont de nouveau incarcérés.

L'autre prison intermédiaire est à Dublin, elle est industrielle.

Les essais des pénitenciers agricoles irlandais ont donné d'assez bons résultats.

Dans la quatrième période, lorsque le condamné a subi la plus grande partie de sa peine, il peut, si sa conduite a été entièrement satisfaisante, obtenir sa libération conditionnelle, (*Ticket of leave*), une mise en liberté provisoire, qui, en cas de mauvaise conduite ou de paresse, peut être révoquée. Il est obligé de se présenter une fois par mois à la police ; cette surveillance ne se fait sentir qu'en faveur du libéré ; il est alors sous la protection de l'autorité.

« A leur sortie, les libérés sont assurés de trouver de l'ouvrage au moyen des sociétés de patronage. »

C'est, comme on le voit, une libération graduelle. Au point de vue moral, les détenus sont considérés comme des hommes, qui sans doute, ont commis des crimes, mais qu'il faut avant tout améliorer.

Dans le système appliqué par M. Crafton, en Irlande, on a compris la nécessité de préparer les détenus à rentrer dans la société, d'en faire des hommes améliorés; ce système, par ses billets de congé, par son apprentissage de la liberté, rapproche déjà beaucoup de la solution du problème de la réforme pénitentiaire : il a l'avantage de relever le condamné, de développer en lui les bons instincts, au lieu de les anéantir ; de donner au coupable la facilité de revenir au bien, de se réhabiliter. Il ne le rend pas à la société, comme un membre dangereux !

« Dans le système Irlandais, dit M. Vaucher-Crémieux, on accorde une grand importance à l'instruction, au développement moral des condamnés. On les traite, non comme des enfants, des gens en tutelle, mais comme des hommes appelés à devenir libres, à gagner leur vie par le travail. Il y a des écoles pour les condamnés, dans lesquelles on leur enseigne la géographie et même l'économie politique. Ils ont des conférences le samedi soir, dans lesquelles on entend discuter entre les prisonniers des questions, qu'on est étonné d'entendre traiter dans de tels lieux, par exemple, de la fabrication de la monnaie, de la source des crimes, du sort d'un voleur émérite, des conséquences d'une mauvaise compagnie, des motifs et des fruits de la calomnie, etc.

Le système Irlandais a été le sujet de profondes et judicieuses discussions, dans le congrès tenu à Dublin, par la sociéte des sciences sociales. A la suite de ce congrès, on se préoccupa beaucoup de cette question en Angleterre, et le gouvernement ordonna une enquête; les résultats qu'elle a produits, sont tels, qu'on semble résolu à supprimer le système cellulaire, pour le remplacer dans toute l'Angleterre par le système Irlandais.

Dans l'opinion de M. Desmarest (congrès de Berne), ce système est le véritable système moralisateur. Mais le système Irlandais a, suivant nous, un défaut capital; après avoir commencé par séparer, et isoler les condamnés, d'une manière absolue, on les met ensuite en contact les uns avec les autres ; on les expose à tous les dangers de la réunion en commun, à toutes les tentations ; on annule ainsi les bons effets de la séparation primitive. Ce système, d'ailleurs, repose sur une autre base vicieuse, la classification des prisonniers d'après leur conduite. Or, l'expérience a malheureusement démontré que ce *critérium* induit presque toujours en erreur. Les condamnés les plus soumis, en apparence, sont ordinairement les plus corrompus.

Dans ce système, les condamnés sont souvent employés à des travaux au dehors de la prison; là, ils travaillent en commun; ils sont ainsi exposés aux regards du public, à l'infamie ; le relèvement du moral devient par cela même bien difficile chez eux. Enfin, il se présente dans l'application de ce système, plusieurs inconvénients pratiques que peut-être on ne pourrait pas surmonter ailleurs, aussi bien qu'en Angleterre.

L'abus que l'on a fait, dans le principe, des billets de congés temporaires, a donné lieu, dit-on, à de nombreuses récidives, ce qui a failli compromettre le système; mais l'on y a facilement remédié dans la suite.

Voici ce que dit au sujet du système Irlandais, M. Stuart, secrétaire de la société Néerlandaise, pour l'amélioration morale des prisonniers (1) : « Le système Irlandais commence par l'isolément absolu du prisonnier, pour le mettre après quelque temps dans une prison commune.

« Mais, à quoi bon cet isolément, quand on

(1) Association internationale, 1866, page 461.

expose plus tard le détenu à se corrompre au contact des autres ? Tous les bons sentiments, fruits de son repentir, seront bientôt effacés. L'idée du mal renaîtra et s'enracinera plus profondément dans le cœur du prisonnier.

« Il est vrai que, d'après ce système, on se promet beaucoup de la classification; on espère que les prisonniers se distingueront pour se montrer dignes d'être mis dans une classe supérieure de travail en commun, et pour obtenir le plus promptement possible la liberté provisoire.

« Mais l'expérience a prouvé que toutes les classifications des prisonniers, sont trompeuses. Les prisonniers les plus dépravés sont pour la plupart les plus soumis dans la prison. Généralement, ils sont maîtres en hypocrisie, dès qu'il y a quelque chose à gagner.

« Un directeur de prison ne peut juger le cœur des détenus ; ce jugement n'appartient qu'à Dieu, à lui seul, et l'homme le plus sage et le plus expérimenté sera mille fois trompé.

« C'est contre cet écueil que le système Irlandais fera un jour naufrage, s'il n'y a pas déjà échoué. »

En Irlande, on emploie souvent pour les travaux publics, les prisonniers qui, alors, peuvent travailler ensemble sous une discipline rigoureuse. Mais comment alors rester fidèle au principe de préserver le condamné de l'infamie, quand il sera mis en liberté ? C'est là le premier devoir de la justice et de l'humanité envers le condamné, qui a subi la peine de son crime. Trop souvent, ce sont les libérés eux-mêmes, qui par une triste envie, stigmatisent en public leurs anciens camarades de prison, quand ceux-ci refusent de s'associer à de nouveaux crimes.

L'isolement absolu des individus et leur séparation, le jour comme la nuit, est donc le seul moyen efficace pour la réhabilitation des libérés, et la sûreté de la société.

Enfin, un autre inconvénient du système Irlandais, c'est qu'il exige deux prisons différentes : l'une cellulaire, l'autre commune ou divisée par quartiers, ce que l'on ne peut pas avoir partout.

Le système qui a été proposé par M. le docteur Bonnet (1), pour les condamnés destinés à rester en France, consiste :

1° Dans la division de ces condamnés en deux catégories qui comprennent, la première les condamnés pour crimes, la seconde, les condamnés pour simples délits ; elles se subdivisent elles-mêmes en deux séries : les récidivistes et les condamnés pour la première fois.

2° Dans l'assujettissement des détenus de chaque série à la réclusion cellulaire pendant la nuit, avec travail en commun pendant le jour, sous l'obligation de garder le silence.

Pour mieux assurer le succès de ce système, on

(1) Congrès scientifique de Bordeaux.

y ajouterait comme dans l'ancien pénitencier de Gand :

1° Les prières du matin et du soir, l'instruction religieuse, les offices, et l'enseignement primaire en commun.

2° Le travail rétribué, moitié au profit de l'État, en représentation du supplément de nourriture ; un quart au profit du prisonnier pendant sa détention, un quart pour être envoyé à sa sortie, à l'administration de sa commune, qui en surveillerait l'emploi au profit du libéré.

3° Des récompenses appropriées à la condition des détenus et à leur état d'amélioration, telle que : emplois rétribués dans les occupations domestiques de la maison, marques distinctives, et même grades subalternes, permission de recevoir des adoucissements du dehors, etc.

Comme le plus ordinairement, ce n'est que le soir et pendant la nuit, que les prisonniers s'encouragent à renchérir sur le passé, après leur mise en liberté, ici, l'isolement cellulaire pendant la nuit, leur fermerait cette voie si large et si funeste de démoralisation.

Quoi qu'il en soit, le système indiqué par M. le docteur Bonnet laisse toujours subsister les graves dangers de la communication des prisonniers entre eux ; et à notre avis, on ne peut espérer aucuns bons résultats de moralisation et d'amendement des prisonniers, si on ne les sépare point les uns des autres de la manière la plus complète et la plus absolue ;

« Mais, ajoute M. Bonnet, il ne faut pas trop exiger ; rien de fini ne sort de la main de l'homme ; il est en toute chose un degré de perfection qu'on ne doit pas essayer de dépasser ; et si réellement, on obtenait que les récidivistes fussent seuls exposés aux dangers de la réclusion collective, ce serait un fort beau résultat. »

Des modifications apportées aux divers systèmes pénitentiaires.

On a cherché à modifier et améliorer les divers systèmes pénitentiaires dont nous venons de parler, à éviter certains inconvénients qu'ils présentent, à les rendre plus ou moins doux ou plus ou moins sévères, plus efficaces, etc. ; nous allons exposer en peu de mots les tentatives que l'on a faites dans ce but.

Dans certains systèmes pénitentiaires, on prétend punir davantage les condamnés en les laissant *oisifs* pendant toute leur détention.

Le système qui porte le nom de *confinement solitary*, consiste dans l'emprisonnement solitaire de jour et de nuit ; *sans travail*, c'est-à-dire avec *oisiveté forcée*, sans *relation aucune* avec qui que ce soit ; dans un isolement complet et absolu, avec silence rigoureux, etc., ou quand on les fait travailler, on veut que ce soit sans appliquer leur intelligence, et sans aucun profit pour eux, enfin sans même donner aucun produit utile.

On a dit que pour entretenir leur santé, il suffisait de les occuper à un travail fatigant. On a prétendu que pour préserver la société des récidives, il suffisait de traiter si mal les condamnés dans la prison pour qu'ils ne voulussent plus s'exposer à y retourner..... !

Le système de l'*oisiveté forcée* se cache sous divers prétextes et sous divers noms. C'est ce système qui est suivi à Cherry-Hill, où l'on donne avec réserve, comme récompense, un peu de travail sans profit. C'est encore le même qui est suivi à Auburn, où l'on ne retire aucun avantage du travail pour le sort à venir du détenu, qui, à sa sortie de prison, est jeté tout nu sur le pavé.

« Avec le confinement absolu, dans toute sa rigueur, on ne perfectionne pas un condamné ; on ne l'instruit point; on le rend fou, idiot, si on ne le tue pas. » (M. Tillières).

On a essayé d'introduire dans le système Philadelphien certaines modifications, qui ont pour but, la *régénération* du détenu *par lui-même*, d'obtenir sa moralisation de ses propres réflexions, en le tenant dans l'isolement complet, afin qu'il fasse lui-même, comme on le dit, son éducation pénitentiaire. Mais la plupart des condamnés n'ont encore aucune notion de ce qui est bien comment veut-on que les coupables se convertissent par de bonnes pensées qu'ils n'ont pas?...

Dans quelques établissements, on a imaginé de mettre les prisonniers, à leur arrivée, dans un quartier d'épreuve (1); c'est là qu'on les examine et qu'on les juge, pour les faire passer ensuite dans les divisions, l'une qu'on appelle de *la force*, l'autre de la *correction*, ou dans des quartiers à l'entrée desquels est écrit le mot, *punition* ou *récompense*, ou cet autre mot, si séduisant et quelquefois si trompeur, *espérance* (2); c'est en suivant la même méthode, qu'on est parvenu enfin à former la classe dite des *améliorés* (3); c'est un titre bien ambitieux, et l'on a demandé avec quelque raison comment on peut savoir qu'un homme est amélioré. Il y a longtemps qu'on cherche en vain un moyen sûr,

« De lire sur le front des perfides humains (4).

M. Elam-Lynds, fort habile directeur d'un établissement pénitentiaire, a reconnu, par expérience, l'hypocrisie de ces sortes de conversions et de la bonne conduite simulée ; il a vu aussi que les plus mauvais sujets faisaient d'excellents prisonniers.

(1) Rome.
(2) Lyon. — Perrache.
(2) Genève.
(4) Racine, — Phèdre.

« Ils pourront aussi faire d'excellents citoyens, si après leur libération, ils se conduisent bien, sans valoir mieux ! Mais la société ne peut exiger autre chose de la part de ses membres ! »

Lorsqu'on est arrivé à l'idée de distinguer les détenus suivant leur caractère, on leur a donné les noms de *bons*, de *méchants* ou de *douteux* ; mais ce qui choque le bon sens au plus haut degré, c'est de les voir classer ainsi *dès leur arrivée* dans la prison avant même de les connaître ; et ce qui le prouve, c'est que dans la plupart des pénitenciers, les directeurs à qui cette faculté est accordée, la recusent presque tous et ne prennent d'autre règle pour leur décision que la gravité des condamnations.

Pour nous résumer : dans les trois systèmes d'Auburn, de Genève et de Philadelphie, on se propose tout à la fois, le châtiment et l'amendement des coupables; mais sont-ils tous également efficaces?

A Auburn, on fait des automates, et on irrite les condamnés contre la société. Le régime de Genève, établi sur une grande échelle, ferait des hypocrites; le système trop sévère de Philadelphie énerve et abrutit, à moins que l'on ne le modifie profondément en diminuant la durée des peines, en y donnant une éducation et une instruction morale journalière; alors il peut agir efficacement sur les coupables ; il empêche la contagion du crime, punit les prisonniers, et enfin il les moralise et les amende lorsque cela est possible.

Après avoir énuméré sommairement les moyens mis en usage dans les principaux systèmes pénitentiaires, qui ont chacun, on ne saurait en disconvenir, leur bon et leur mauvais côté, qui laissent tous à désirer plus ou moins, il nous reste encore à parler des punitions en usage dans les divers établissements de correction.

Il est évident que la mauvaise conduite d'un condamné autorise, exige même des moyens de répression; mais encore faut-il qu'ils soient réglés, prévus et en rapport avec les fautes. Voilà ce qui paraît juste et raisonnable à tout le monde.

Mais dans les pénitentiers modernes, les punitions ont un tout autre caractère, et les procédés barbares ou ridicules que la fausse philanthropie a inventés pour tourmenter les prisonniers, doivent être signalés.

Notre siècle, qui a justement flétri les tortures de l'inquisition, et qui n'a plus pour excuse la jalousie et l'ardeur de la foi, les a pourtant dépassées, ainsi que le dit le marquis de Larochefoucauld Liancourt : « Par les supplices des ténèbres, « du silence et de l'isolement absolus; de la cara« bine, des boîtes-carcans, du fauteuil de force; « de l'oisiveté ou du travail improductif; du pe« sage, de l'engraissement ou de l'amaigrissement « progressif; de l'usage des chiens féroces, du fouet,

« du bâton, des cachots, et de l'immoralité même « des condamnés, qu'on habitue par l'espionnage « à la corruption et à la trahison, au moment « même où l'on prétend les rendre plus moraux « et plus vertueux. »

On a inventé d'avoir, au premier degré de punition, la cellule solitaire, au deuxième degré, la geôle ténébreuse, au troisième, le cachot souterrain.

Si une telle recherche de châtiments est nécessaire, on a raison de les employer; mais en vérité, cette nécessité ne fait pas honneur aux systèmes qui ne peuvent pas réussir, sans l'emploi de moyens aussi durs et aussi violents.

Les *cellules ténébreuses*, sont des trous sans jour et sans clarté, où, dans un grand nombre de prisons, on laisse un homme, non pas même comme un chien dont la niche est ouverte ou éclairée, mais, comme un *cadavre vivant*, qu'on nous pardonne l'expression, qu'on y enterre tout vivant.

Voici ce qu'on lit dans le *Siècle* du 31 mars 1866, au sujet de la prison du Fort-Lévêque, qui est l'une des principales de France.

« Cette prison se trouve dominée par des bâtiments d'une hauteur considérable qui ne permettent pas à l'air d'y circuler. De là des miasmes causés par la réunion d'un grand nombre d'individus. Les cellules sont plutôt des trous que des logements.

« Celles qui sont sous les marches de l'escalier ont six pieds carrés; on y place cinq prisonniers. Les autres, où l'on peut à peine se tenir debout, ne reçoivent d'autre jour que celui de la cour. Une odeur infecte les rend horribles; mais ce qu'il est impossible de voir sans pitié, ce sont les cachots souterrains. Ces cachots sont au niveau de la rivière, et, toute l'année l'eau filtre à travers les voûtes; on ne peut y entrer qu'en rampant. »

Cette espèce de tombe, où les condamnés achèvent de s'amoindrir, parcequ'ils perdent à la fois l'intelligence et la moralité, n'est propre qu'à faire des êtres insociables ou idiots.

Dans la Virginie, on applique l'isolement solitaire, pendant une semaine, tous les trois mois; pour n'en pas laisser perdre le souvenir au condamné.

On a encore le soin d'en réserver quatre semaines de l'espèce la plus terrible, un mois d'isolement absolu, que l'on fait subir au prévenu dans le temps qui précède sa libération; et cela pour tenir sa mémoire fraîche, pour qu'il se souvienne de ne pas retomber dans les fautes qui le ramèneraient au même supplice.

Dans la vue de l'amélioration morale du détenu par l'isolement, on a aussi établi le *confinement absolu* sans travail. Les prescriptions ont été logiques. On a défendu toute visite, même celle du pasteur; tout bruit, même celui de la prière, toute occupation, même la couture. On a défendu de voir qui que ce soit, et même de se parler à soi-même, de lire aucun livre, même la bible ou l'évangile. On a prescrit aux employés de faire leur service sans être entendus. Le prisonnier reçoit les aliments par un guichet, sans savoir qui les apporte. Il ne sait, si son père existe encore, si sa femme ou son fils a péri...

« Ainsi donc, isolement complet, silence infini, « mort de la nature !... Quel effroyable tourment!... « Quelle barbare imagination a ramené sur la terre « pire que l'enfer du Dante?... » (1).

Après avoir essayé et épuisé vainement tous les moyens depuis les doubles murs d'enceinte, les triples grilles, les planchers de fer, et jusqu'aux chiens féroces, on en vint à imaginer la prison à portes ouvertes de *Sing-Sing*, d'où les prisonniers ne peuvent sortir sans être tués à coups de fusil, comme des bêtes fauves, par des gardiens et des sentinelles aux aguets, ou bien déchirés, dévorés par des chiens féroces dressés à la chasse des hommes qui cherchent à s'évader.

« A Auburn, il suffit qu'un prisonnier ne tra- « vaille pas *avec adresse, sans relâche, les yeux* « *baissés, en silence,* pour qu'il soit à l'instant puni « par des coup de *fouet* ou de *martinet* sur les « épaules ou sur le dos mis à nu, à la discrétion « des gardiens, et *sans limite* dans le nombre des « coups » C'est Demetz qui parle.

Et qu'on ne s'imagine pas que cet arbitraire ne soit qu'apparent, ni qu'une convention tacite entre le directeur et les gardiens en tempère la

(1) Larochefoucauld-Liancourt, page 136.

rigueur ! le fouet, au contraire, est appliqué sans poids ni mesure, à tort et à travers, et sans aucune espèce de recours possible de la part de la victime.

Pour des fautes du genre de celles dont nous venons de parler, il a été constaté par les registres qu'en quelques mois, la peine du fouet a été appliquée plus de 770 fois.

Les femmes subissent le même châtiment; elles sont frappées à épaules nues et par le bras d'un homme. Demetz en a été témoin dans les prisons de Blackwell Island, et il déclare « que chaque « coup imprimait dans la chair une marque « profonde. »

Il a même été fait aux femmes une plus large part dans les punitions, et l'on dirait que leur faiblesse même a été la cause de ce redoublement de cruauté envers elles.

C'est pour elles en effet qu'ont été inventés, en dehors des punitions ordinaires, *la chaise de force* et le supplice de la *boîte* qui renchérit sur le carcan.

La chaise de force est un siége dans le trou duquel, les malheureuses se trouvent si bien étreintes, qu'on les y croirait comme clouées.

On leur applique aussi le carcan.

« Cette infamie, qui a disparu de nos lois, à l'égard des hommes les plus pervers et des assassins eux-mêmes, s'est réfugiée dans les systèmes pénitentiaires, à l'égard de faibles femmes coupables seulement de quelques vols » c'est le marquis de Larochefoucauld qui parle appuyé sur les témoignages de MM. le Dr Gosse, Abel, Blouet, Demetz, V. Foucher, Crawford et Russel. « Toutefois ajoute-t-il, le carcan simple a paru insuffisant. On a inventé des boîtes dans lesquelles on fait entrer les femmes, et dont la planche supérieure est ouverte pour laisser passer la tête seulement. D'autres boîtes tiennent les pieds et les mains, de sorte qu'ils ne peuvent plus faire aucun mouvement ; cette immobilité est l'un des plus durs supplices qu'on puisse endurer. »

En *France*, à Lyon, on a vu de ces infortunées plongées dans des cachots sans jour, décorés du nom de *cellules ténébreuses*, affaissées sous le poids d'un carcan auquel était rivée une chaîne pesant 80 livres, et lorsqu'on a demandé quels crimes elles avaient commis, on a répondu qu'elles étaient coupables d'insubordination (1).

Demetz parle aussi d'une punition qui est laissée à l'arbitraire des directeurs et des gardiens. Il suffit qu'un détenu leur déplaise, pour qu'ils enclouent la fenêtre de sa cellule, qui ne peut être assainie que par l'air, et le fassent ainsi souffrir d'une fièvre entretenue par l'atmosphère étouffante ou humide des murs, selon la saison.

Nous n'avons pas épuisé la liste de ces cruelles inventions. Il faut y ajouter le bâton, avec lequel on assomme de près ceux qui parlent, comme à

(1) Journal de la morale chrétienne, t. XVI, n° 3, page 130.

Prague, et la carabine pour tirer de loin, ceux qui font quelques signes, comme à Sing-Sing, Jeffersonville et Blackwell Island. Il y a aussi le corset de fer, qui tient un homme enchaîné sans qu'il puisse faire un mouvement (Windsor) et le collier de fer, qui le fixe au mur jusqu'à ce qu'il se soumette, non pas au règlement, ou au régime, mais aux moindres exigences du dernier des employés (1).

Ce qu'il y a de plus bizarre et de plus odieux à la fois, c'est que toutes ces punitions peuvent dans certaines prisons être infligées aux détenus, non-seulement par l'administration, mais encore, comme l'affirment MM. Crawford et Russell, par toutes les personnes qu'on appelle les *visiteurs de droit*, magistrats, administrateurs, philanthropes, etc., qui, de temps en temps, viennent voir ces malheureux; et cela sans autre motif que le caprice de ces administrateurs improvisés.

Tel est l'esprit de cruauté qui règne dans certains pénitenciers de l'ancien et du nouveau monde! Cela seul suffit, selon nous, pour démontrer la fragilité de la base de tous ces systèmes contre nature, qui ont dû appliquer la violence et la rigueur *jusqu'à la férocité.*

Loin de reculer devant des conséquences aussi terribles et aussi barbares, les réformateurs se disant philanthropes, trompés dans leur attente, ont franchi toutes les bornes.

(1) Demetz, Rapport, p. 21.

La société des prisons, dans un de ses rapports, a jugé et condamné tous ces moyens de violente correction, et par conséquent aussi, tous les systèmes pénitentaires où on en fait usage.

On a prétendu moraliser, régénérer par le régime de la terreur!... et au lieu de cela, « l'action dégradante des châtiments corporels, *souvent* et *injustement appliqués*, enlève aux détenus, jusqu'au sentiment de la dignité humaine, les abrutit et leur dônne les vices de l'esclavage (1).

N'est-il pas à craindre, dit Aubanel, qu'au lieu de pensées régénératrices, ce ne soit, au contraire, des projets de vengeance contre la société, abusant ainsi du droit de sa force, qui germent et soient nourries, dans le cœur des prisonniers, pour être mis à exécution après leur libération, quelles qu'en puissent être les conséquences?

Demetz, ce digne et honorable magistrat, qui fut chargé par la France, d'aller visiter les pénitenciers des États Unis, affirme, que *tous* les détenus qu'il a interrogés, lui ont dit: qu'ils sortaient de prison *avec la haine de la société et le désir de s'en venger.*

Mais ce n'est pas seulement aux punitions que les réformateurs ont mis la main; de zélés régénérateurs, se sont faits les dispensateurs de tout, envers les détenus: Régime, règlements, costume, tenues, etc. — Tantôt ils les ont gorgés de viande

(1) *Eleventh report of the prison society.*

et de bière, et tantôt ils les ont nourris avec parcimonie d'herbages et abreuvés d'eau claire ; tantôt couchés mollement et tantôt jetés sans lit sur les dalles de leur cachot ; le tout, à titre d'essai, et probablement aussi pour hâter leur moralisation.

On est allé plus loin : « Il fallait savoir, dit ironiquement le Dr. Gosse, l'effet progressif des deux nourritures, végétale et animale, abondante ou exiguë, pendant l'isolement relatif, et pendant l'isolement absolu ; et l'on trouva un moyen pour s'en rendre compte : on pesa les hommes ; on compara au moyen des balances, combien ils pesaient, plus ou moins, suivant les tourments qu'ils avaient endurés. »

Bientôt le pesage devint périodique, et d'après les notes de ce pesage, on augmentait ou l'on diminuait le poids des rations. « C'est ainsi, s'écrie « Larochefoucauld, indigné, que nos agriculteurs « ordonnent à leurs valets de ferme, de doubler « les rations dans les auges, quand les porcs n'en- « graissent pas assez ! Jamais, non, jamais, il « n'y eut une abomination semblable ! »

Le sommeil devait avoir son tour : « on a reconnu, dit le Dr. Gosse, que l'isolement et le long sommeil, produisent des congestions cérébrales : et l'on a voulu les empêcher, non pas en abrégeant le temps donné au sommeil, c'eût été trop simple et trop logique ; mais en défendant au détenu d'avoir pendant la nuit, un mouchoir sur la tête, quelque froide que fût la température. Ensuite, l'on ordonna de les tenir tête-nue et rasée; puis, enfin, on substitua la paille au lit; et à celle-ci, un simple escabeau en bois.

« Comment, s'écrie encore le marquis de « Larochefoucauld, comment des hommes sages « peuvent-ils soutenir de pareils systèmes? Qu'ils « restent eux-mêmes pendant dix-sept heures de « suite assis sur un escabeau, dans une chambre « close, sans lumière, jeunant tous les deux « jours, et ils me diront, si, en continuant « ce supplice, pendant un mois seulement, les « courbatures, la fatigue et les rhumatismes, les « maux de nerfs et la fièvre ne mettront pas « bientôt leurs jours en danger ? »

Tel est, en somme, le régime disciplinaire, adopté en totalité ou en partie, dans certains pénitenciers d'Amérique ou d'Europe. Nous avons dû omettre bien des détails horribles, surtout en ce qui concerne les moyens d'éviter ou de punir les évasions, etc., etc, etc. Cela nous eût entraîné trop loin; nous terminerons par cette belle réflexion d'Alphonse Karr, qui n'est que trop justifiée, par ce que nous venons de dire :

« Aucun des criminels qu'ils tourmentent « n'est aussi ingénieux en férocité que le plus « doux de ces philanthropes. » (1)

(1) Guêpes. Décembre 1857.

DEUXIÈME PARTIE.

Des principes fondamentaux qui doivent servir de base à la législation et à la réforme pénitentiaires.

Nous avons fait connaître en détail, les principaux systèmes pénitentiaires et les réformes les plus importantes que l'on a essayées et mises en pratique en divers pays : les systèmes Américains d'Auburn, de Philadelphie ; ceux d'Irlande, de Suisse ; la *séparation* absolue ou partielle des condamnés ; celle par *catégories*, qui est aujourd'hui adoptée en France, etc. Quel est le meilleur de tous ces systèmes ? Telle est la question à laquelle il nous faut répondre maintenant.

Depuis un demi siècle, on a beaucoup discuté sur ce sujet, dans l'ancien comme dans le nouveau monde ; les philanthropes, les moralistes, les magistrats, les esprits les plus élevés se sont occupés très-sérieusement de la question pénitentiaire : et quoique l'on ait proposé ou essayé un grand nombre d'améliorations, il y a encore aujourd'hui une très-grande divergence dans les opinions, sur les meilleurs moyens d'arriver à un bon système pénitentiaire.

Pour répondre d'une manière satisfaisante à la question, dont il s'agit, il faut établir d'abord les principes ; poser les bases d'une législation pénale bien entendue ; préciser le but que l'on veut atteindre au moyen d'un bon système pénitentiaire.

Disons tout de suite que l'objet du système pénitentiaire, compris comme nous l'entendons, c'est de faire servir la peine, juste punition du crime ou du délit, à la réforme et à la régénération des condamnés. Il faut que le système des pénalités soit organisé de telle manière, que la réforme morale des condamnés, s'accomplisse en même temps que la réparation sociale.

La justice et l'humanité doivent se tendre la main et s'unir pour le bien-être de la société, ainsi que pour l'amélioration du malheureux qui a péché contre elle.

La base de la législation pénitentiaire morale, selon nous, c'est : que la société a le droit de se garantir et de se préserver contre les attaques des malfaiteurs ; qu'elle a le droit, non de les torturer ni de se venger ; mais de réprimer et de punir les coupables ; qu'elle a surtout *le devoir* de les moraliser, de les ramener au bien, afin que quand ils seront rendus à la liberté, ils ne retombent plus dans les mêmes fautes ; enfin qu'elle doit prévenir les crimes, par une éducation morale et religieuse, obligatoire pour tous les citoyens, en instruisant convenablement tous les hommes de leurs devoirs sociaux.

Le système pénitentiaire qui, à notre avis, mériterait la préférence, serait donc celui qui, à un châtiment expiatoire juste et légitime, mais toutefois humain et bienveillant, réunirait les moyens de rendre les hommes meilleurs, de les régénérer, de les mettre en état de rentrer le plus tôt possible dans le sein de la société, sans danger pour elle, et d'y vivre honnêtement, du produit de leur travail.

Il faut que le condamné sache bien qu'il est détenu pour racheter une vie de désordres et de crimes ; si le moral est affecté de ce régime, c'est justement au moral qu'il faut s'attaquer, comme à la source du mal. Il faut que celui qui aura été une fois soumis au régime pénitencier, en conserve une impression profonde et durable, et qu'il ne soit plus tenté d'y revenir : « il faut en un mot, dit Demetz, que la punition soit une peine, et que cette peine soit énergique et répressive sans compromettre l'avenir du condamné ; et de plus, qu'on fasse cesser l'effet de la peine en même temps que sa durée.

« Quel est, dit le marquis de Larochefoucauld-Liancourt, le principe qui doit servir de base au régime des prisons ? Là est toute la question du système, et je la résoudrai d'un seul mot : Le principe est de faire en sorte que la peine ait pour effet de préparer les détenus, à vivre honnêtement après leur libération, et par conséquent on doit les obliger à vivre en prison, comme on veut que par la suite ils vivent chez eux.

« On met le condamné en pénitence, dans les prisons, pour l'obliger à l'ordre, au travail, à la régularité, dans de bonnes habitudes auxquelles on le contraint de se plier et de s'accoutumer, afin qu'il mène à l'avenir, chez lui, la vie qu'on lui enseigne, pour ainsi dire, et à laquelle on le forme pendant sa détention. »

« Le meilleur système de discipline à adopter pour les prisons, dit Madame Fry, est celui qui prépare le mieux les détenus qu'on y soumet, à rentrer dans la vie active, de manière que lors de leur libération, ils n'aient plus qu'à mettre en pratique les principes qu'ils ont journellement reçus pendant leur détention. »

Nous avons dit, plus haut, que la législation antérieure à notre époque, n'avait eu d'autre pensée, n'avait eu d'autre but que d'écarter les coupables du sein de la société, afin de l'en débarrasser, pour le plus longtemps possible et de n'avoir plus à s'occuper d'eux.

Mais les tendances modernes sont tout autres ; elles se dirigent plus particulièrement, vers les moyens de réformer et d'amender les coupables, de les rendre à la société, meilleurs, instruits de leurs devoirs et en état d'être utiles.

Tel est l'objet de la réforme pénitentiaire.

Objet bien important sans contredit et bien digne de fixer l'attention de tous les hommes généreux.

Déjà, on a pu voir par les détails que nous avons donnés, par les observations que nous avons présentées, chemin faisant, sur les divers systèmes dont nous avons parlé, ce que chacun d'eux a d'utile et d'avantageux ; mais en même temps ce qui lui manque pour atteindre le but.

Pour la plupart, ils présentent certaines dispositions bonnes et utiles, un bon côté; mais de l'autre, ils sont incomplets; ils pèchent par différents points importants.

Toutefois, un grand pas est fait; en prenant la forme éclectique, en choisissant dans les divers systèmes ce qu'ils ont de bon, et laissant de côté, ce qu'ils ont de défectueux, il est permis aujourd'hui d'espérer que l'on arrivera bientôt à une solution satisfaisante du problème moral et humanitaire si important de la réforme pénitentiaire.

C'est ce que nous avons essayé dans ce travail. Envisagée du point de vue élevé où nous nous plaçons, la question de la législation et de la réforme pénitentiaires, est l'une des plus grandes et des plus importantes questions de l'économie sociale.

Il ne s'agit de rien moins, en effet, que de régénérer l'homme pervers et dégradé; de le rendre à la société, honnête, laborieux, en état de lui être utile.

Il y a loin de ce grand et noble but, de ces grands principes humanitaires et sociaux, à ces mesquines questions de détails, qui ont soulevé des discussions si passionnées et si irritantes, même, entre les partisans des divers systèmes d'Auburn, de Philadelphie, de Genève, d'Irlande, etc., etc.

Quant à nous ; nous resterons neutre, éclectique, dans ces conflits stériles.

Notre but est bien défini ; nous emprunterons à tous les systèmes ce qui nous paraîtra bon, utile, et susceptible de concourir au résultat que nous avons en vue : la réforme et l'amélioration morale des condamnés, le respect de la dignité humaine, conciliés avec les ménagements dus au malheur.

Ainsi donc, nous empruntons :

1° Au système de Philadelphie, la *séparation* entière, absolue, tant de nuit que de jour des condamnés entre eux, mais en *abrégeant* considérablement *la durée* de la détention, de manière à ne point porter atteinte à leur raison ni à leur santé. Nous repoussons de toutes nos forces le travail en *commun*, la division par *catégories*, parceque le contact des hommes corrompus et démoralisés, pervertit tout à fait les bons, et les rend incapables de rentrer dans le sein de la société sans danger pour elle.

2° Nous empruntons au système d'Auburn, la prescription du *silence*, qui porte les condamnés à la méditation, à la réflexion, les dispose à écouter la voix de leur conscience, à sentir le remords.

3° Nous y ajoutons des *instructions*, des *leçons* orales ou écrites ; des lectures, des récitations de mémoire ou copiées sur la *morale*, *les devoirs sociaux*, etc. qui seront données, une ou deux fois chaque jour, par des *préposés spéciaux* affectés uniquement à ce service, par des *infirmiers moraux*; comme les appelle M. Pictet (de Genève).

4° Nous empruntons à divers systèmes, l'obligation du *travail*, lequel doit être tout à la fois *intellectuel* et *corporel*, en harmonie avec la position, les facultés et les aptitudes du détenu.

5° Nous empruntons au système irlandais : les bonnes notes, l'adoucissement *graduel* de la peine, *la mise en liberté conditionnelle*, en faveur de ceux qui se conduisent bien.

6° Nous demandons aux sociétés de patronage, à l'autorité civile leur appui, leur protection, leurs bons offices en faveur des *libérés conditionnels* ou définitifs, afin de leur procurer du travail pour les faire vivre ; de les placer *isolément* et sans qu'ils soient connus, chez des agriculteurs, des industriels, etc.

7° Enfin, nous voulons des *punitions* qui n'avilissent et ne dégradent point l'homme et n'affligent pas l'humanité, telles sont :

1° La détention avec séparation absolue des détenus, et la suppression des mauvais traitements.

2° La *transportation* dans une ville ou un canton de France des condamnés politiques.

3° Enfin, la *transportation* hors du territoire continental de la France, après une *réclusion cellulaire*, préalable, rigoureuse, améliorante et prolongée pendant plusieurs mois, des grands criminels et des récidivistes, au lieu de la peine de mort.

Rendre les coupables corrigés, améliorés et moralisés à leurs affaires, à leurs familles, à la société, dès qu'ils peuvent y rentrer sans danger pour elle; en faire des hommes utiles et honnêtes, pouvant se suffire à eux-mêmes, au lieu d'être à la charge de l'Etat :

Telle est, en quelques mots, l'économie de notre système.

Mais il ne suffit pas de punir, de réprimer ; il faut surtout *prévenir* le mal; aussi, selon nous, l'une des obligations les plus impérieuses de la société est-elle de chercher à *prévenir* les crimes ;

1° En donnant à tous les hommes :

a. Une *éducation* qui leur fasse connaître leurs devoirs religieux, moraux et sociaux, et qui leur en fasse comprendre toute l'importance et la nécessité.

b. Une *instruction* convenable, appropriée à leur position, qui leur facilite les moyens d'existence et les rende utiles à leur pays.

2° En favorisant l'établissement des institutions de prévoyance, d'économie, d'assistance mutuelle morale et matérielle, ayant pour effet de diminuer, et surtout de prévenir la misère et les malheurs qu'elle traîne à sa suite.

Telles sont les dispositions essentielles du système mixte que nous proposons ; elles peuvent se réduire à cinq principales.

1° Séparation absolue des condamnés les uns des autres.

2° Moralisation, éducation obligatoire des détenus.

3° Travail intellectuel et manuel ;

4° Adoucissement graduel de la peine ; mise en liberté conditionnelle.

5° Enfin prévenir la criminalité :

1° Par l'éducation morale obligatoire pour tous les citoyens, et par l'instruction ;

2° Par la diminution de la misère au moyen des associations et des institutions de prévoyance.

Nous allons faire connaître en détail ces dispositions, en les appuyant sur les motifs qui leur servent de base.

1° *Séparation des condamnés.*

Le principe vers lequel doivent se diriger particulièrement les efforts de la philanthropie moderne, dans le but de moraliser les prisonniers, peut être résumé en un mot :

« Empêcher la contagion du vice, en empêchant le contact des criminels les uns avec les autres. »

On a donc *séparé* matériellement les individus dans un but de *séparation morale.*

En effet, la réforme la plus utile et la plus importante que l'on ait faite dans le régime des prisons, c'est la séparation des prisonniers, les uns des autres.

Cette séparation a pour but de prévenir la mauvaise influence du contact des criminels et des hommes pervertis, sur ceux chez lesquels les sentiments du devoir, de l'honneur, de la conscience ne sont pas encore abolis ; que de sages avis, de bons conseils peuvent ramener au bien, et qui devront être réintégrés dans la société après l'expiration de leur peine.

Nous avons déjà dit combien il y a d'inconvénients, de dangers, à laisser mêlés ensemble, dans les lieux de correction, les hommes de toute sorte, les coupables de toutes les nuances, de tous les degrés de corruption.

Dans ce contact d'individus divers, dont les uns pervertis et sans espoir de retour, sont passés maîtres dans la science du mal, et les autres, simplement égarés, ont déjà éprouvé les effets du remords, il y a une pernicieuse école d'enseignement du crime, de dépravation, de démoralisation ; aussi, les philanthropes sont-ils tous d'accord, pour demander la séparation, et font-ils des vœux, ceux-ci, pour l'isolement individuel des condamnés, ceux-là, pour leur séparation en catégories, et tous, pour un système pénitentiaire qui permettrait à ces malheureux de rentrer, le plus tôt possible, améliorés, moralisés et sans déshonneur, dans la société.

Enfin, puisque le plus grand nombre des criminels récidivistes, se sont pervertis entre eux dans les prisons, qu'ils y ont formé le plan d'autres crimes, pour les exécuter après leur libération, on doit faire cesser à tout prix un tel état de choses, et arrêter ce fléau toujours croissant; or, comme ce résultat ne peut être obtenu qu'en séquestrant rigoureusement, en isolant les coupables, il est indispensable que ceux-ci soient entièrement séparés, pour le repos et la tranquillité de tous.

La justice, pas plus que la société elle-même, n'a le droit d'exposer un prisonnier à être corrompu par les autres, pour toute la durée de sa vie; elles n'ont pas le droit de jeter un condamné, dans un milieu où il se corrompra plus qu'il ne l'est, où les malfaiteurs perfectionnent leurs vices, et s'avancent avec plus de cynisme dans la voie du mal.

En parlant des divers systèmes pénitentiaires, nous avons déjà indiqué les trois modes de séparation qui sont en usage dans les établissements pénitenciers :

1° La séparation par *quartiers* ou par *catégories* distinctes des condamnés, établies d'après la gravité du crime, la durée de la détention, etc.; c'est le mode aujourd'hui prescrit en France;

2° La séparation de *nuit* seulement, avec le travail en *commun*, pendant le jour, sous l'obligation rigoureuse du silence; c'est le système d'Auburn.

3° Enfin, la séparation *entière*, *absolue* des prisonniers les uns des autres, tant de jour que de nuit; c'est le système dit de Philadelphie ou de Pensylvanie, que l'on nomme aussi régime *cellulaire*, parceque les prisonniers y sont tenus constamment renfermés, chacun dans une chambre *séparée*, à laquelle on a donné le nom de *cellule*.

On a déjà compris par ce qui précède, combien sont graves et nombreux les inconvénients que présente la réunion des condamnés, travaillant en commun dans des ateliers; aussi pensons-nous que les communications des prisonniers, entre eux, quelle que soit leur nature, sont toujours funestes aux détenus, comme à la société elle-même.

Pour être efficace, la séparation doit donc être *entière*, *absolue*, *complète*, sans quoi, il n'en faut rien attendre de bon; suivant nous, il n'y a pas d'amélioration possible à espérer chez les détenus hors de cette mesure; c'est une condition *sine qua non*.

Le système des salles de travail en *commun*, pendant le jour et le système de la *séparation* sont deux systèmes opposés, deux principes différents, dont la juxtaposition ne peut produire aucuns bons résultats.

L'isolement des prisonniers, tel que nous le demandons, n'est pas un isolement absolu de qui que ce soit, la séparation de tout être vivant; mais c'est l'isolement complet des condamnés entre eux; l'isolement silencieux, avec le travail, la lecture, l'instruction, l'éducation obligatoire, le culte.

Les cellules ou plutôt les chambres des prisonniers doivent être saines, convenablement aérées et spacieuses, en communication avec un promenoir, dans lequel le détenu, toujours isolé ou séparé des autres, peut prendre de l'exercice à l'air et au soleil.

Le détenu doit recevoir des visites fréquentes du directeur, des employés supérieurs de la maison, des préposés à son éducation morale, de l'aumônier, de personnes charitables, de ses proches parents, etc., et s'occuper aussi du *travail* auquel il est propre.

Pour ce qui concerne les prévenus, le système cellulaire, ne leur interdit que la vue et le contact de ceux qu'il est de leur intérêt, de celui de la morale et de la justice, de ne pas voir.

Il autorise toutes les visites extérieures compatibles avec les besoins de l'instruction, et avec l'ordre de la maison.

Les visites des parents, des amis, les conseils reçus en cellules, laissent toute latitude à l'expansion des sentiments. Les consolations de famille, d'amitié, reprennent tout leur empire. Que l'on compare cette situation avec celle qui est faite au prisonnier dans les parloirs de nos prisons, toujours en présence d'un surveillant et à travers une double grille; il ne peut pas dire un mot à voix basse;

presser une main amie, ni donner un baiser à sa femme, à son enfant?...

Les visites quotidiennes des divers employés de la maison, sont attendues par le prisonnier avec impatience; les simples surveillants, loin d'être vus avec crainte, ne sont que des êtres bienveillants. Car leur mission auprès des prisonniers est toute morale, puisque c'est à leur intelligence, à leur conscience, à leur cœur qu'ils s'adressent.

Livré à lui-même, le détenu est naturellement conduit à la méditation, à la réflexion. Sa conscience, avec laquelle il est constamment en présence, parvient ainsi à se faire jour et à surgir au milieu des mauvaises passions qui l'étouffaient, et qui s'éteignent au fond de son cœur, faute d'aliments. Cet état de son âme, cet isolément, le préparent admirablement à recevoir les instructions et les enseignements des ministres de la religion, des administrateurs et des personnes charitables qui se vouent à la régénération des condamnés (1).

(1) M. Saintine, dans *Picciola*, nous fait voir comment les hommes les plus indomptables, les esprits forts et les plus rebelles peuvent s'adoucir et s'humaniser dans la solitude par l'étude, la réflexion; combien ils peuvent devenir sensibles, susceptibles d'attachement, de passion même, pour des objets fort indifférents à d'autres personnes, pour une plante, pour un insecte, dont ils observent attentivement les formes, les habitudes d'abord; puis les mœurs et les diverses phases de l'existence. Ils contemplent ils admirent les merveilles de la nature; leur esprit s'élève bientôt jusqu'à l'auteur

« La solitude absolue, dit Demetz, produit sur tous les détenus la plus vive impression. On trouve en général, leurs cœurs prompts à s'ouvrir, et cette facilité à recevoir des émotions les dispose encore à la réforme. Ils sont surtout accessibles aux sentiments religieux, et les souvenirs de famille ont sur leur âme une extrême puissance.

« La solitude leur est d'autant plus poignante, qu'ils sont plus coupables et plus corrompus. Tolérable pour l'homme condamné à une courte détention, et qui entrevoit avec consolation, la perspective de rentrer bientôt dans une vie honnête, elle est imposante et terrible pour celui qui doit y compter de longues années de remords. »

Personne ne niera que le prévenu, coupable, n'ouvre plus facilement son âme au repentir et à l'aveu qui en est la première manifestation, lorsqu'il sera seul avec lui-même, en face de son crime et qu'il ne recevra d'autres conseils que ceux des honnêtes gens.

Pour l'enfant la cellule devient un sujet d'enseignement utile ; pour le vieillard, si c'est un des vétérans incorrigibles du crime, vous le placez en face de ses souvenirs, vous le faites rentrer en lui-même, vous ouvrez son cœur au repentir. »

Quant au silence, qui est nécessaire dans un établissement de répression, c'est un moyen des plus

de ces merveilles. Alors ils se résignent et se soumettent consolés et en bonne voie de régénération.

puissants, pour amener l'homme pervers à la réflexion, aux remords, au sentiment de la justice.

L'obligation du silence pour l'homme renfermé et isolé dans sa cellule, est loin d'être aussi pénible pour lui qu'elle l'est dans les ateliers communs, où les prisonniers sont constamment et ardemment sollicités à échanger quelques paroles avec leurs compagnons. »

« Vous condamnez le silence, dit Demetz, mais est-ce que vous méconnaîtriez l'influence génératrice qu'il exerce ? Oubliez-vous qu'il peut être appliqué à des doses différentes ?

En résumé, l'isolement et le silence domptent toujours les caractères les plus endurcis, les tempéraments les plus intraitables.

Si tout sentiment de morale et de religion n'est pas éteint chez le condamné, il y revient par une réaction inévitable. Le travail, l'étude, dont, pour son malheur, le coupable n'avait peut-être jamais connu l'utilité ni le besoin, deviennent pour lui des distractions nécessaires.

« Vingt ans d'expérience, dit M. Gergerès, m'ont mis à même de reconnaître qu'il a toujours existé dans l'esprit des personnes, pour le régime cellulaire, un sentiment d'attraction ou de répulsion, correspondant au degré de pureté ou de perversion de leur sens moral.

« Le prisonnier dont l'âme n'est point dépravée, se félicite d'être séparé des vrais malfaiteurs. Le prisonnier corrompu, murmure, au contraire, contre les verrous de sa cellule; il ne connait point la honte de sa faute, et voudrait pouvoir le front levé, agir et parler sans contrainte. »

En Belgique comme en Angleterre, un détenu condamné à plusieurs mois, et même à plusieurs années d'emprisonnement, s'il a conservé quelques sentiments d'honneur, considère comme une faveur d'être admis à subir sa peine en cellule.

Le système de la séparation complète a en outre l'avantage d'étendre ses effets salutaires au-delà de la durée de la peine, d'assurer aux libérés le secret de leur ignominie, de leur permettre de rentrer dans la vie civile sans y être rebutés, et d'y exercer sans trouble, leur industrie.

Le prisonnier n'est connu de personne, pas même du gardien qui ignore son nom ; car en entrant, il reçoit un numéro d'ordre, sous lequel il est toujours désigné.

Quand le détenu sort pour la promenade, dans le préau, il n'est vu de personne ; il rentre de même dans sa cellule.

Quand un prévenu est mené devant les tribunaux, on emploie les mêmes précautions, pour conserver son incognito.

Le condamné, qui a été privé momentanément de sa liberté, n'est enlevé à la société, dont il a méconnu les obligations, que pour y être rendu plus tard, mais épuré par le repentir, mais régénéré par la pénitence, mais convaincu de la nécessité de se conduire suivant les lois divines et sociales : châtiment, enseignement, travail, tout doit être appliqué, donné, employé, dans le but de le ramener à la vie sociale. C'est la liberté qu'il réclame, c'est également elle qu'on veut lui rendre. Tout concourt donc à lui rappeler la société, à lui faire désirer de retourner dans son sein.

Si malgré tous les bons conseils reçus pendant sa détention, le condamné n'est pas devenu meilleur, on peut être assuré, du moins, qu'il sera désormais plus obéissant aux lois, et c'est tout ce que la société est en droit d'exiger de lui.

Envisagée sous ce point de vue, la réforme des condamnés nous semble devoir être plus fréquemment obtenue à l'aide du système de la séparation absolue, que par tout autre moyen.

« D'ailleurs, dit Demetz, la persuasion que le prisonnier a pu et dû s'amender, par la peine qu'il a subie, bien loin d'en avoir contracté une souillure plus grande, une corruption plus invétérée, rendra l'opinion plus indulgente, et permettra aux chefs d'ateliers, d'ouvrir avec plus de confiance leurs maisons aux coupables qui auront passé par l'épreuve du pénitencier. Heureux le système, qui dans l'intérêt même de la société, fait cesser l'effet de la peine, en même temps que la peine elle-même !... »

Pour ce qui concerne la détention préventive, lorsque la sûreté de la société exige l'arrestation du prévenu, la cellule s'offre d'abord comme abri pour le sexe, l'âge, l'innocence, le malheur, le repentir.

En vain l'on a essayé de tous les moyens de classification, l'on a épuisé toute la série des précautions individuelles ; si le citoyen doit, en certains cas, faire momentanément le sacrifice de sa liberté ; si d'autre part, de légitimes mesures de sûreté, doivent être prises à l'égard du malfaiteur que l'on arrête, la cellule seule donne des garanties, soit au prévenu, soit à la société.

Mais si au lieu d'un coupable ignorant, ou d'un homme tout-à-fait illettré, nous considérons l'homme intelligent, aux facultés cultivées, un *Silvio Pellico,* par exemple, combien son sort est à plaindre, s'il est confondu avec des êtres dégradés ou infiniment au-dessus de ses goûts et de ses habitudes ! combien celui-là vous saura gré de lui avoir ménagé une chambre, dans laquelle il trouvera avec la tranquillité, la liberté de lire, d'écrire, de composer, enfin de se livrer aux occupations de son goût ; s'il veut du travail manuel, il aura le choix sur ceux qui sont en activité dans la maison, et lors de sa libération, il n'aura pas à craindre de rencontrer à chaque pas, l'effronté dont pendant quelques jours, il fut forcé de partager la demeure.

L'emprisonnement solitaire est, nous l'avons déjà dit, une aggravation considérable de la peine. Prolongé au-delà d'une certaine mesure, il peut déterminer dans l'état physique et moral des individus de graves désordres.

Aussi convient-il d'abréger notablement la durée de l'isolement. Un mois de cette peine devrait équivaloir à une année au moins d'emprisonnement ordinaire. Dans le principe, la durée de la détention isolée était courte. Depuis lors, les idées anciennes qui avaient pour but unique, de séquestrer, d'écarter pour le plus longtemps possible, les coupables du sein de la société, ont repris leur empire. On a dénaturé l'institution pénitentiaire : et par suite de l'habitude qu'avaient malheureusement prise nos magistrats, de condamner des individus à 10, 20 ans de réclusion, on a prolongé outre mesure la durée de cette peine dans la cellule.

C'est toujours cette idée, d'éloigner pour longtemps les malfaiteurs de la société, afin de ne plus avoir à s'en inquiéter, qui, malheureusement a été prédominante, lorsqu'on a voulu introduire des réformes dans les prisons. On n'a pas fait attention aux changements physiques et moraux, qui doivent résulter pour les prisonniers, des modifications apportées dans le régime des prisons et de la nature de la punition.

Quel est, d'après le résultat de l'expérience, le maximum de durée, que l'on peut assigner à l'emprisonnement séparé ?

On ne peut, à cet égard, donner une réponse absolue. Tant d'éléments doivent être pris en considération, lorsqu'il s'agit de l'application d'un système pénal ou pénitentiaire, qu'assurément, il est impossible d'appliquer une solution unique à tous les cas qui se présentent.

« Huit jours même d'emprisonnement solitaire, sont suffisants, selon Demetz, pour faire sur l'esprit du condamné une impression durable, tandis que, jeté au milieu de nombreux compagnons, avec la certitude d'une prompte libération, la prison n'est pour lui, qu'un sujet de dérision et de moquerie, il est lui-même un sujet d'insubordination, une cause de désordre et de scandale. »

En Pensylvanie, la durée des peines a été réduite d'un tiers; qu'est-ce qui empêcherait de la réduire en France dans la même mesure, ou même dans une proportion plus forte, un mois au lieu de douze ?...

« En 1823, dit le Marquis de Larochefoucauld Liancourt, on regardait comme excessif, un emprisonnement solitaire de trois semaines. »

De Beaumont et Tocqueville, citent même comme *un acte de barbarie*, d'avoir laissé des détenus enfermés dans des cellules solitaires pendant soixante-et-dix jours; et c'est à ce sujet qu'ils ont dit de ce système, tel qu'on l'appliquait alors : « il est au-dessus des forces de l'homme; il ne réforme pas, il tue. »

La diminution du maximum de la durée des peines, jointe à un régime sévère, est un des grands avantages de ce système.

Au point de vue pénal, elle prive moins longtemps le condamné de sa liberté, tout en donnant à la peine une efficacité beaucoup plus vraie sous le double rapport de la répression et de l'amendement.

Au point de vue financier, elle réduit des 3/4 les frais de détention ; ce qui constituerait une économie de plusieurs millions par an pour le trésor public.

« On n'a pas assez apprécié, dit Demetz, l'avantage des peines de courte durée, qui, en économisant la vie des condamnés, les rend plus tôt à leur famille.

Et il ajoute :

« Si l'on pouvait rendre efficaces les peines courtes, elles auraient cet avantage, qu'elles ne laisseraient plus de chance à l'impunité, qu'elles économiseraient la vie du condamné, et qu'elles rendraient la peine égale, entre le jeune homme, qui peut sans inconvénient faire le sacrifice de quelques années d'existence, et le vieillard, qu'une peine un peu prolongée condamne souvent, par le fait, à perpétuité.

Si le maître d'un homme condamné à une courte peine, est content de lui, il ne le remplacera pas, et attendra sa mise en liberté. Et le maître sera d'autant plus porté à cette condescendance, qu'il aura la conviction, qu'isolé de tout contact pernicieux; l'ouvrier n'a pu que s'amender dans la prison, et y faire un retour complet sur lui-même.

Le régime cellulaire, doit donc avoir d'excellents résultats, quand il s'agit d'emprisonnement de courte durée; telle est l'opinion émise par la plupart des réformateurs; ils ne sont en divergence que sur un point : l'application de l'emprisonnement cellulaire aux détentions de longue durée.

L'une des objections les plus sérieuses, les plus graves, et en même temps les plus réelles que l'on a élevées contre le système de séparation et d'isolement absolus, est celle de l'altération de la santé des prisonniers, de l'hébétude physique et morale des individus, de la tendance à la folie, au suicide, et enfin la funeste habitude du vice solitaire.

En effet, les essais désastreux, faits dans le principe de la détention solitaire rigoureuse, sans communication aucune avec l'humanité, sans visites ni consolations d'aucune espèce, sans travail, dans des cellules malsaines, exiguës, dépourvues de tout ce que nécessite un séjour continu, ont donné lieu à des accidents graves ; mais, disons-le de suite, ces accidents sont moins le résultat du système de la séparation, que de l'application *inintelligente* et *vicieuse* que l'on en a faite, et de la durée *abusivement prolongée* de l'isolement cellulaire. C'est justement parce que le *confinement solitary*, dans ces conditions morbifiques a eu des suites fatales, qu'il est nécessaire d'y introduire des modifications, des mesures plus conformes aux lois de la morale et de l'humanité.

Dans la prison de Mazas, qui a été surnommée

la prison modèle, et qui a été construite sur les plans les mieux coordonnés, en apparence, depuis l'époque de son ouverture, (mai 1850 jusqu'à la fin de 1856), il y a eu 26 suicides. Sur ces 26 suicides, 21 avaient pour sujets des prévenus, 14 avaient été commis dans les premiers jours de la captivité, 3 dans le courant du premier mois, 2 dans le troisième mois....

On a tiré de cette statistique funèbre, la conséquence qui est loin d'être rigoureusement exacte, que l'isolement absolu exerçait une action détériorante sur l'esprit du condamné. Mais dans un grand nombre des cas dont il s'agit, les prévenus n'étaient-ils pas des coupables, déjà en proie au remords le plus cruel?.. N'ont-ils pas agi, soit pour épargner la honte à leur famille, soit pour se soustraire aux peines plus rigoureuses encore qui les attendaient?.. Il est du moins permis de le supposer.

Il faut aussi conclure de ce fait; que c'est surtout dans les premiers jours de la détention, qu'on doit entourer le détenu de consolations, d'exhortations et de conseils, afin d'adoucir les rigueurs inséparables de l'isolement absolu.

Il ne faut pas même juger trop sévèrement le régime cellulaire, pour des peines de longue durée, car la réclusion y est tempérée par toutes sortes de moyens: on y traite le détenu comme un homme égaré, il est vrai, mais enfin, comme un homme; on l'entoure de soins. En même temps des associations philanthropiques veillent aux besoins de sa famille.

En dépit de toutes les exagérations, c'est l'expérience seule qui peut prononcer sur ce sujet.

« J'ai visité dans le royaume-Uni, dans les Etats Scandinaves, dans l'Allemagne du Nord, dans les Pays-Bas, des maisons centrales, où des détenus avaient séjourné en cellule pendant plusieurs années. Si l'on remarquait dans l'attitude, dans la physionomie du détenu, un certain abattement moral, sa santé, ne paraissait pas avoir souffert; il était résigné, et par là même, sur la voie du repentir. » (M. Visschers) (1).

On a objecté contre le système de la séparation absolue des prisonniers, la dépense considérable qu'entraînerait la construction d'établissements ou de prisons disposés de manière à isoler complétement les prisonniers.

Pour appliquer rigoureusement le système de l'isolement absolu, il faudrait, suivant l'opinion de quelques réformateurs, avoir pour chaque prisonnier, deux cellules, l'une pour le travail de jour, l'autre pour y passer la nuit, de manière que chaque cellule habitée se trouverait toujours placée entre deux cellules vides, et par là, les communications entre prisonniers, seraient rendues fort difficiles, sinon impossibles. Mais une telle organisation entraînerait à des dépenses excessives.

(1) (Congrès de Berne,) 483.

Dans les premières années, de l'entraînement exagéré, qu'avait produit la question de la réforme des prisons, les architectes se livrèrent à des excentricités incroyables, à des constructions gigantesques et monumentales fort dispendieuses.

On avait installé, à grands frais, dans chaque cellule, une fontaine, un lieu d'aisance, des conduits de chaleur, des ventilateurs, etc., etc.; mais on n'a pas réussi; l'eau n'a pu être fournie en assez grande abondance, ni régulièrement, quelques soins que l'on ait pris, et quelques dépenses que l'on ait faites; et même lorsque l'on a pu avoir suffisamment d'eau, on n'est pas arrivé à désinfecter les lieux d'aisances des cellules.

Voici ce que disait, en 1829, Martignac, alors ministre de l'intérieur : « le pénitencier de Londres ne renferme que 900 prisonniers, celui de Lauzane 60 et celui de Genève 100 ; cependant les frais de construction se sont élevés, pour le pemier à plus de 10 millions, et pour les autres à un million, ce qui donne un terme moyen de 13,575 fr., par individu, renfermé dans les prisons; le pénitencier, qu'on a construit chez nous, revient à 12,587 fr., par prisonnier. Il n'y a rien à calculer avec cette aberration de l'esprit humain, qui porterait à 20 millions, une prison de 1500 détenus, telles que sont les nôtres. »

En effet, la prison des jeunes détenus de Paris, ayant coûté près de 5 millions de francs pour 250 prisonniers, s'il fallait à ce prix, faire des cellules

pour 120,000, il en coûterait à l'État, 2 millards 400 millions; et malgré ces dépenses énormes, il n'aurait encore que des cellules, laissant tout à désirer, des cellules sombres, étroites, insalubres, etc., etc. (1).

Non seulement les constructions pénitentiaires modernes, ont été fort dispendieuses, mais encore le but que l'on se proposait n'a pas été atteint.

(1) Voici quelques détails sur la prison de *Mazas* extraits de la (*Statistique des prisons*, 1865, p. XC).

Le programme et le plan de la *maison d'arrêt* dite *Mazas* furent conçus et exécutés sous l'influence des idées importées d'Amérique, en 1833, par Alexis de Tocqueville et Gustave de Beaumont.

Cette *maison* est entièrement cellulaire, et affectée aux hommes prévenus de crimes ou délits, qui ont été interrogés par un juge d'instruction ; elle a remplacé celle de la *Grande-Force*; établie en 1780 dans l'hôtel des ducs de la Force, rue du Roi-de-Sicile.

Les travaux, dirigés par les architectes Lecointe et Gilbert, commencèrent en 1841 sur de vastes terrains prolongés par le boulevard Mazas, qui a donné son nom à la prison. La construction fut terminée à la fin de 1849. Elle occupe une superficie de plus de 3 hectares. L'acquisition de ce terrain, les constructions et les aménagements ont coûté plus de cinq millions de francs. Les 700 détenus de la *Force*, y furent transférés et installés dans la nuit du 19 au 20 mai 1850.

Description de la prison. — L'intérieur se compose d'une rotonde monumentale, divisée en sept galeries qui viennent aboutir à un centre commun. Six de ces galeries contiennent à droite et à gauche, tant au rez-de-chaussée qu'aux deux étages supérieurs, 201 cellules. La septième galerie est le corridor qui conduit au

Quelques soins que l'on ait pris pour obtenir la salubrité des cellules, nulle part, et sous aucun rapport, la salubrité recherchée n'a été obtenue,

guichet d'entrée. Au centre de cette rotonde est placé le bureau du chef des gardiens, qui embrasse de l'œil les sept galeries et surveille la marche de l'ensemble du service.

Le nombre des cellules est de 1,200, dont 1,117 sont affectées à la détention et 83 servent pour les avocats, les surveillants, les bains, les punitions et les autres services intérieurs de la prison.

La cellule ordinaire a 20 mètres cubes. Longueur 3 mètres, 60; largeur 1 mètre 95, hauteur 2 mètres 85. Chaque cellule est éclairée, le jour, par une fenêtre que le détenu ouvre à volonté; la nuit, jusqu'à 9 heures du soir, par un bec de gaz. Elle reçoit de l'air chaud, du 15 octobre au 15 mars.

Chacune est pourvue du mobilier et des ustensiles nécessaires à l'usage journalier. Par un guichet pratiqué dans la porte, on passe au détenu sa nourriture, son eau et tous les objets autorisés. Un petit guichet donne le moyen de le surveiller sans être aperçu de lui :

Entre les murs extérieurs du bâtiment et ceux de l'enceinte cellulaire, il existe un grand espace sur lequel sont établis les chemins de ronde, les jardins et les préaux. Ces préaux sont au nombre de cinq, divisés chacun en vingt promenoirs.

La promenade a lieu tous les jours, à partir de neuf heures et demie du matin, et dure une heure pour chaque individu; elle est suspendue au moment de la distribution des vivres; les lundi et vendredi, par les visites du dehors, le dimanche pendant la messe. Les détenus prennent cet exercice dans les cent promenoirs et les médecins ont été vivement affligés de l'état habituel de maladie, et de la mortalité, qui ont lieu dans les maisons pénitentiaires.

Quoi que l'on ait pu faire, les lieux d'aisances entretiennent toujours une mauvaise odeur dans les cellules. Il est arrivé aussi que la fosse avec ses tuyaux étant commune avec trois ou quatre cellules, il y a un passage continuel aux entretiens et

au nombre de vingt par préau, aboutissant à un centre ou lanterne d'où les observe un surveillant.

Ils se rendent aux promenoirs et en reviennent sans s'apercevoir les uns les autres. Des surveillants échelonnés sur le chemin qui, de la galerie, descend au préau, ne font sortir un prisonnier, soit de la cellule, soit du promenoir, que lorsque le détenu précédent, ayant tourné un angle, se trouve hors de la vue.

L'usage du tabac est autorisé.

La visite du médecin a lieu tous les jours avant midi, pour ceux qui en font la demande; les prescriptions sont exécutées à l'infirmerie par le pharmacien.

La messe est célébrée les dimanches et fêtes, à neuf heures du matin. Les portes des cellules entr'ouvertes permettent à chaque détenu de voir le prêtre à l'autel. L'office est chanté par une douzaine de détenus qu'accompagne l'orgue, touché par l'un d'eux.

Une fois par semaine, autant que possible, tous reçoivent les instructions et les consolations des aumôniers. Les détenus sachant lire se procurent à la bibliothèque des livres appropriés à leur degré d'instruction.

Mazas étant une maison d'arrêt, et non une prison pour peines, le travail n'y est pas obligatoire; mais la plupart des détenus en demandent.

aux communications des prisonniers entre eux. Il est impossible encore aujourd'hui, d'empêcher ces communications.

Quant aux cellules qui se trouvent dans les étages supérieurs, elles sont brûlantes en été. On a vainement essayé d'y répandre de l'air à l'aide de ventilateurs, et d'en chasser surtout la mauvaise odeur qu'y entretiennent sans cesse les lieux d'aisances; aucun bon résultat n'a été obtenu.

« Dans la plupart des prisons, dit le rapport des inspecteurs généraux des prisons d'Angleterre, MM. Crawford et Russell, surtout dans celles qui ont été nouvellement construites, ou récemment appropriées aux règles du système silencieux, les cellules sont disposées de telle sorte, qu'on peut très facilement se parler et s'entendre de l'une dans l'autre; » et ils ajoutent naïvement : « On conviendra qu'il est déplorable de voir tant d'argent dépensé, pour obtenir de tels résultats. »

Du reste, malgré toutes les précautions, les prisonniers finissent toujours par établir entre eux, quelques moyens de communication. L'isolement absolu exigerait pour chaque prisonnier, deux cellules, l'une pour le jour, l'autre pour la nuit, de manière à ce qu'il y eût toujours un espace vide entre deux cellules occupées.

Sans avoir recours à des constructions spéciales, très dispendieuses, et qui n'atteignent pas toujours le but que l'on se propose, la diminution que nous demandons dans la durée de la détention solitaire, permettrait à la rigueur, d'utiliser d'anciennes constructions, telles que : monastères, casernes, pensionnats pour y renfermer les détenus séparément.

Il est nécessaire, toutefois, que les pièces soient suffisamment grandes, saines, bien aérées et bien séparées.

Les lieux d'aisance, cause ordinaire d'insalubrité, de mauvaise odeur, peuvent être facilement remplacés par des appareils portatifs inodores et *désinfecteurs* qui seraient enlevés et remplacés chaque matin.

La provision d'eau pour chaque jour, peut très bien aussi être apportée avec la nourriture.

Dans quelques prisons d'Amérique, les détenus ont l'avantage de jouir d'une cellule double, et même d'une petite cour y attenant ; ils peuvent s'y promener à volonté ou la parcourir.

« Il ne faut pas espérer, a dit Howard il y a plus de 80 ans, qu'une prison où il n'est point permis aux prisonniers de respirer l'air frais, dans une cour, puisse être jamais une prison saine. »

Quant au chauffage, pendant l'hiver, il est indispensable d'établir des tuyaux de conduite d'eau chaude ou de vapeur qui parcourent les cellules.

D'un autre côté, l'application du système cellulaire ou de séparation continue, ne donne lieu qu'à un seul ordre de construction, quelle que soit la classe de prisonniers à laquelle on les destine. Dans ce système, toutes les salles de réunions :

préaux, réfectoires, ateliers communs étant supprimés, il en résulte une économie notable sur les frais d'établissement.

Enfin comme sécurité, contre l'évasion des prisonniers, ceux-ci ignorent complètement, la distribution des bâtiments qui contiennent les cellules ; ils ne peuvent donc avoir ni l'espérance, ni la facilité de s'évader.

Une circonstance qui a pu jeter de la défaveur sur le système cellulaire : c'est qu'au commencement, on a peut-être mis trop de zèle à l'appliquer pour tous les cas de pénalité; on a cru qu'on pouvait l'appliquer toujours, et qu'à cet effet, il fallait distribuer toutes les prisons en cellules, en construire autant que possible, qu'on pouvait même en réunir un très grand nombre dans un même édifice. Mais le système cellulaire ainsi appliqué, surpasse les forces d'un directeur; une surveillance efficace y devient impossible.

Il y a eu de singulières exagérations au sujet du système cellulaire de la part même d'hommes très distingués. D'un côté, on a proposé d'appliquer ce système aux individus condamnés aux travaux forcés à perpétuité ; on n'a pas réfléchi que les frais de détention cellulaire s'éleveraient en moyenne à 5,000 par condamné ; d'un autre côté, les mêmes hommes qui comparaient les cellules à des tombeaux, et leur séjour à une mort anticipée, en tant qu'il s'agit d'en faire l'application à de grands coupables, ont été unanimes pour que les prévenus et les condamnés, pour de simples délits, fussent passibles *de ce genre de supplice.*

On a élevé aussi des objections contre l'isolement appliqué aux enfants et aux jeunes détenus; néanmoins, l'expérience faite à ce sujet à Paris a été satisfaisante.

Tous les enfants détenus par voie de correction paternelle ont été enfermés dans des cellules et punis d'un emprisonnement solitaire de jour et de nuit; « cette tentative dont on s'applaudit tous les jours dans l'intérêt des enfants, n'a eu sur leur état physique aucun résultat nuisible (Demetz). »

Mais c'est surtout à l'égard des enfants que l'on doit faire usage avec discrétion de l'encellulement rigoureux; il faut leur prodiguer les soins, les bons avis, les visites, les conseils, etc., et surtout abréger la durée de la détention.

En résumé, le système de la séparation absolue et continue satisfait aux exigences de la justice et de l'humanité; il évite le danger de la corruption mutuelle, qui est inséparable de toute maison de détention commune.

La règle de la séparation matérielle et constante des détenus entre eux lève toutes les difficultés que présente une classification normale des prisonniers, d'après leur position légale, la nature des infractions, leur caractère, leur moralité, la gravité de la peine, etc; puisqu'il fait de chaque cellule, une prison séparée, où le régime intérieur peut être, au besoin, approprié à chaque détenu, modifié selon les nécessités et les circonstances.

Enfin la certitude pour le condamné, que sa faute restera en quelque sorte enfouie dans sa cellule ; qu'après l'expiration de sa peine, toute sa dette sera acquittée envers la société sans que personne puisse la lui reprocher plus tard, et en la lui rappelant, lui faire monter le rouge au front, lui donne confiance et foi en son avenir.

2° *Education, Moralisation des condamnés.*

La prison, les cellules, ne sont que le commencement d'un système..

Construites en pierres, en briques, ou en marbre, avec de solides verrous, des grilles, des barreaux de fer, etc., les cellules ne constituent pas le régime pénitentiaire; car, seules, elles ne peuvent pas améliorer les hommes pervers. En effet, il s'agit moins de punir que de ramener l'homme à ses devoirs envers les autres hommes et envers la société ; pour arriver à ce résultat, il faut avoir recours à d'autres moyens que ceux d'une construction, plus ou moins splendide ; d'une surveillance, ou d'une direction matérielle plus ou moins bien entendue.

La séparation des prisonniers les uns des autres, bien qu'elle les mette à l'abri des exemples corrupteurs, ne suffit pas pour les régénérer ; il fau quelque chose de plus; la parole divine, les préceptes de la morale, les consolations de la religion... l'éducation du prisonnier, en un mot.

La prison n'est qu'une chose inerte...

C'est le prisonnier, c'est l'homme, qu'il s'agit de corriger, d'améliorer, de régénérer.

« Vous aurez beau faire de magnifiques bâtiments, des palais pénitentiaires, coûtant des millions, dit un philanthrope, tous ces beaux édifices ne serviront à rien, si vous n'agissez pas sur le cœur et l'âme du prisonnier : « On ne moralise pas avec des pierres. »

L'isolement, la cellule, n'ont d'autre but que de mettre les détenus à l'abri du contact corrupteur des uns avec les autres, de faire cesser cette école de crime, de scandale et d'immoralité, dont la vie en commun des prisonniers offre de si fréquents et si affreux exemples.

Mais, seule, nous le répétons, la cellule est insuffisante pour améliorer l'homme; or, le but capital vers lequel doit tendre la réforme des prisons, c'est l'amélioration des coupable, dans le double intérêt de la société et des coupables eux-mêmes.

C'est l'éducation, la moralisation, l'amélioration des condamnés, qui, pour nous, est la clef de voûte de l'édifice pénitentiaire. Et, ce sont précisément les hommes qui ont commis des fautes, qui ont le plus besoin d'être instruits et amendés.

L'isolement, *seul*, si l'on n'y joint pas des moyens puissants de moralisation, est inhabile et incapable de régénérer les coupables; bien loin de là :

« La plus grande partie des condamnés, dit le marquis de Larochefoucauld Liancourt, ont un esprit borné; si on les abandonne à leurs propres sentiments, comme leurs idées et leurs sentiments sont vicieux, on ne peut en espérer rien de bon. »

C'est donc sur ceux-là, qu'il faut spécialement agir par les instructions orales, dont nous aurons à parler plus loin.

C'est à faire l'éducation du détenu, que le système pénitentiaire doit surtout s'appliquer.

M. Ch. Lucas, repousse le système d'Auburn, parcequ'on n'y fait pas d'éducation; quant à celui de Philadelphie, il le rejette aussi, parce que sous cette règle, l'éducateur du coupable, c'est lui-même : « Jeter de force, dit-il, une personne entre quatre murs, avec l'injonction de tourner dans sa cellule comme un écureuil dans sa cage, pendant de longues années, dans le cercle de la même idée, et l'y faire vivre sous l'impression exclusive de la même sensation, ce n'est pas élever, c'est tuer, dégrader, mutiler, abrutir la nature de l'homme. »

L'éducation morale et intellectuelle des condamnés peut se faire :

Par des instructions orales, des lectures d'aphorismes, de sentences, d'extraits de bons ouvrages sur les devoirs moraux et sociaux de l'homme, données *tous les jours* pendant une demi heure, à chaque prisonnier, en particulier dans sa cellule, par un préposé ou officier *instructeur spécial*, le matin, et autant le soir.

A Auvers, il y a une chapelle qui sert tout à la fois pour les exercices du culte et pour donner des instructions orales, analogues à celles dont nous parlons, qui est disposée de telle manière que les détenus qui s'y trouvent réunis, ne peuvent passe voir les uns les autres. Ils sont tous assis, voient et entendent l'instituteur; ils peuvent chanter tous ensemble des cantiques religieux (1).

Si le détenu sait lire, il apprendra par cœur ces maximes, les récitera, les commentera oralement devant l'officier instructeur. Si le détenu sait écrire, on lui fera copier chaque jour ces passages pendant 2 heures.

Enfin, on donnera au détenu, dans sa cellule, des occupations propres à développer ses facultés morales et intellectuelles.

La dépense qu'entraînerait la création des officiers instructeurs, des précepteurs spéciaux, que nous demandons, *des infirmiers moraux*, comme on les a appelés, serait fort peu considérable.

Car : 1° une partie des instructions peut être donnée à 8 ou 10 individus, à la fois, comme cela se pratique à Auvers.

2° Un seul préposé peut suffire pour faire lire ou pour faire réciter une vingtaine de prisonniers par jour, dans leur cellule, et corriger leurs copies.

(1) Congrès de Berne, page 485.

3° Dans notre système, la durée de la détention cellulaire, devant être réduite à quelques mois au plus, il en résulte une diminution considérable dans les dépenses, comparativement à celles que l'État fait aujourd'hui pour entretenir les condamnés, pendant 5, 10, 15 années de détention.

4° Enfin, les visites fréquentes du directeur, des officiers de l'établissement, de l'aumônier, du pasteur et des personnes charitables, qui trouvent leur bonheur à consoler les affligés, contribueront à instruire les condamnés, à les ramener promptement au sentiment du devoir et de l'honneur, et à leur permettre de rentrer conditionnellement dans la société, sans danger pour elle.

Chaque cellule formant une prison complète et distincte, où le détenu est soumis à une surveillance de tous les instants, il est permis d'y étudier le caractère, le tempérament de chaque condamné, de lui adresser les conseils et les encouragements qui paraissent de nature à faire le plus d'impression sur son cœur, d'après ses antécédents, ses habitudes et son éducation. Que le détenu s'y amende, ou ne s'y amende pas, qu'il se révolte ou se soumette, se repente ou se mutine, c'est un fait individuel, isolé, qui ne dépasse pas l'enceinte de la cellule, et qui n'exerce aucune influence sur l'ordre et la discipline générale du pénitencier.

Au nombre des moyens les plus propres à faire pénétrer, dans le cœur des condamnés, les préceptes de justice et de moralité, dont il n'aurait jamais dû s'écarter, il faut, suivant l'opinion de certaines personnes, mettre en première ligne les secours de la religion qui élève l'âme, console l'infortuné, lui fait attendre avec résignation des jours plus heureux, et prépare son cœur à recevoir les enseignements moraux, dont il a un si grand besoin.

« Vous voulez régénérer les condamnés, dit M. Desmarest (1), je vous défie de leur apporter la rénovation du cœur et de l'esprit, si vous ne leur apportez aussi la religion. Comment penseriez-vous régénérer ces hommes courbés sous le vice, si vous ne leur donniez la consolation suprême, la force moralisatrice du sentiment religieux. »

« Que des philosophes aient la raison assez élevée, le sentiment du devoir et de la justice assez heureusement développé chez eux, pour se passer de l'hypothèse de Dieu, cela se conçoit; mais pour l'homme inculte, faible, coupable, celui-là, il a besoin d'être soutenu, encouragé par les secours et les consolations de la religion, ou retenu et terrifié par la crainte des peines éternelles.

« Comment, ô libres penseurs, ajoute M. Desmarest, comment espérez-vous régénérer ces hommes abrutis par le vice, si vous n'appelez pas à votre aide le grand consolateur, le grand moralisateur, je veux dire le sentiment religieux? « Il ne suffit pas que le philanthrope indépendant pénètre dans

(1) Congrès de Berne.

la cellule du prisonnier, il faut aussi y faire entrer le prêtre, le pasteur qui exhorte et console... »

« N'oubliez pas, que si, ce que vous enfermez dans vos prisons est un corps, il y a dans ce corps, une âme.....

« On a dit que la conscience est absolue ; oui; mais pour conseiller de la conscience, il faut un intermédiaire, et cet intermédiaire, c'est Dieu; s'il n'est pas la base de la conscience, il doit en être au moins le postulat.

« Donnez-moi le dernier des criminels, et je lui dirai : Tout espoir est perdu pour toi, sur la terre, mais tu as encore une espérance au ciel; et ces paroles le soutiendront encore et le consoleront. »

« L'homme isolé est toujours religieux, dit M. Demetz, la voix de la conscience, étouffée par le fracas du monde, revient toujours se faire entendre dans la solitude. »

Les quakers Caleb Lownes et ses amis, fondateur de la première maison de Philadelphie, comptaient beaucoup sur les instructions religieuses, pour ramener au bien les condamnés; aussi, l'administration des prisons était-elle pour eux, comme elle doit être pour tous, une œuvre de conscience autant que d'humanité.

Assurément nous ne voulons pas atténuer, ou révoquer en doute, l'heureuse influence des idées religieuses sur les individus chez lesquels, le sentiment religieux existe à un degré quelconque ; mais la foi robuste qu'exigent certaines croyances, telles que celles des peines éternelles, de l'enfer, des flammes du purgatoire, du diable enfin, n'a pas été octroyée à tous ; *ne croit pas qui veut.*

Ce serait une grave erreur de penser que des sermons orthodoxes, des cérémonies religieuses suffiraient seuls pour amender tous les criminels. Lorsque la raison se révolte contre certaines choses extraordinaires, miraculeuses, qu'elle se refuse à y croire, lorsque le doute s'est emparé de l'esprit, que l'on rit du diablle et de ses cornes ; alors il ne reste rien : et si l'enseignement religieux n'a point été basé sur la morale universelle, sur les lois divines et humaines, il n'y a plus de guide ni de frein pour retenir et arrêter les hommes sans foi.

Mais si,au lieu de l'enfer et du purgatoire auxquels les criminels ne croient plus, et dont ils se moquent, on leur avait enseigné, si l'on avait développé chez eux, les grandes principes de la morale universelle,si on leur avait appris à sentir, à écouter la voix de leur conscience ; si on leur avait fait connaître qu'il y a des lois pour la protection et la conservation de la communauté humaine ; que des punitions et des châtiments sévères sont réservés à ceux qui portent atteinte aux droits des autres, et qui troublent l'ordre; si on leur avait bien inculqué qu'ils ne doivent pas faire aux autres ce ce qu'ils ne veulent pas qu'on leur fasse, peut-être la conscience, la raison, l'instinct ou même la crainte d'un châtiment réel, inévitable, aurait-elle pu les retenir ou les arrêter dans la voie du mal ?

mais on ne leur a rien appris de tout cela ni à l'église, ni à l'école.

C'est ce genre d'enseignement moral et social qu'il est indispensable de donner à tous les hommes dès leur jeune âge, afin de prévenir les crimes, ainsi que nous le dirons plus loin.

3° *Travail.*

A l'exception des heures consacrées à l'instruction et à l'éducation morale des condamnés et au repos nécessaire pour la santé, tout leur temps doit être employé au travail.

Il faut que les détenus soient constamment occupés; il faut exercer, tout à la fois, leurs forces physiques et intellectuelles, et surtout développer chez eux le sens moral ; en un mot, leur donner l'éducation qui a fait défaut.

Le travail intellectuel ou matériel auquel seront astreints tous les détenus, doit évidemment être en harmonie avec leurs forces, leurs aptitudes, leur intelligence, leur âge, leur sexe et leur position sociale.

Le travail est l'une des bases fondamentales de notre système; il est tout à la fois, moralisateur et consolateur; de plus, il est utile, productif, et pour le détenu, dont il améliore la position et pour l'État, qui retrouve, dans la portion qui lui est attribuée, une partie de la dépense qu'occasionnent les condamnés.

Obliger les détenus au travail dans les prisons,

ce n'est pas là, une prescription dure et contre nature; c'est, au contraire, les soumettre à la loi générale, qui a condamné tous les hommes au travail; c'est leur préparer un meilleur avenir; et, même pendant le temps de leur détention, l'application à l'ouvrage est pour eux une véritable consolation.

Le travail, dont le prisonnier prend ainsi le goût quelquefois malgré lui, dans sa cellule, et comme sans y songer, n'est pas seulement une ressource honorable et féconde qu'il se crée pour l'avenir, mais il est encore un agent puissant de régénération; il aide et favorise la réflexion; il en modère, il en règle le cours. L'homme seul et occupé pense profondément et avec lenteur; il a devant les yeux et entre les mains des objets d'observation qui, en occupant son esprit, amortissent les souvenirs trop poignants de sa vie passée. Il médite; il compare; il voit par ses progrès se développer en lui une faculté inconnue jusqu'alors, qui est pour lui une source de satisfaction et de bien-être et qu'il regrette de n'avoir pas toujours exercée. « C'est alors qu'il est mûr pour recevoir des bons conseils et des enseignements salutaires. »

Ce qui amende et régénère les mœurs des prisonniers, c'est le travail avec l'instruction morale et religieuse : « Hors de là, point de salut, » dit M. Marquet-Wasselot.

« Avec le travail, la règle s'introduit dans une prison; elle y règne sans efforts, sans l'emploi d'aucun moyen répressif et violent. En occupant le détenu, on lui donne des habitudes d'ordre et d'obéissance; on le rend actif de paresseux qu'il était. Si d'abord il éprouve quelque peine à se plier à ce qu'on exige de lui, il trouve avec le temps, dans le mouvement régulier de la maison et les travaux auxquels on l'assujettit, un remède certain contre les écarts de son imagination. » (Bérenger).

« Le travail, selon le duc Decazes, est un moyen d'économie et d'ordre dans les établissements; il fait contracter aux détenus l'habitude de l'application, il est pour la plupart d'entre eux, une consolation en ce qu'il les distrait des sombres idées que le séjour d'une prison inspire; et la portion mise en réserve pour l'époque de la sortie, leur assurent des ressources qui les dispenseront d'employer, pour subsister, des moyens condamnables ».

« Il faut donner aux détenus un état qui les fasse vivre honnêtement après leur libération, dit le marquis de Larochefoucauld-Liancourt. C'est dans l'intérêt de la société, qu'il est utile d'admettre que ce qu'ils auront gagné par leur travail dans la prison, leur appartient, en partie du moins; et il faut accroître cette masse le plus possible, par son placement successif, avec la cumulation des intérêts; mais avec la condition de ne la remettre plus tard, qu'au fur et à mesure des besoins réels du condamné libéré.

Il est évident que si les condamnés n'ont point de fortune, on doit, dans l'intérêt de la société, leur procurer les moyens de gagner leur vie honnêtement, quand ils seront libérés, en leur donnant un métier qui, après leur sortie, leur assure des ressources suffisantes; mais, il est toujours nécessaire de les faire travailler dans la prison, afin d'y maintenir l'ordre, le bon exemple, la discipline, et pour les empêcher eux-mêmes, de se livrer à leurs mauvaises pensées.

Dans les trois systèmes, d'Auburn, de Genève et de Philadelphie, le travail est le moyen employé, pour rompre les habitudes vicieuses des condamnés et y substituer des habitudes d'ordre. Mais dans les systèmes d'Auburn, de Genève, et le système des catégories, le travail a lieu dans des ateliers communs, et alors les relations des condamnés entre eux s'établissent nécessairement.

Il est impossible de réunir les prisonniers pour le travail en commun, sans le danger des mauvaises conversations, de conspirations et d'associations criminelles après le relâchement.

Le travail en commun est l'antipode de la séparation absolue et continue; condition sans laquelle on ne peut, à notre avis, espérer aucune amélioration morale chez les détenus.

Il faut donc proscrire le travail en commun, dans tous les établissements pénitenciers.

Dans le système de Philadelphie, le travail se fait dans la cellule, il est présenté au condamné comme un allègement à son sort.

Un grand nombre d'industries peuvent être

exercées par les prisonniers isolés, soit dans leur chambre, soit dans un petit atelier y attenant. Telles sont la plupart des industries qu'exercent à Paris les ouvriers *en chambre* : tailleurs, cordonniers, sabotiers, horlogers, bijoutiers en faux, tisserands, bonnetiers, bourreliers, écrivains, copistes, dessinateurs, enlumineurs, brocheurs, relieurs, compositeurs d'imprimerie, fabrication de petits ouvrages de serrurerie, cadenas, de menuiserie, d'ébénisterie, etc., etc.

Il suffirait d'avoir dans chaque prison départementale, de petits ateliers contigus à une ou plusieurs cellules, disposés pour les professions les plus usuelles.

Le prisonnier y trouvera cet avantage qu'habitué à travailler, dans sa cellule, à des ouvrages qui n'exigent pas le concours de plusieurs personnes, il n'aura pas besoin, après sa libération, de chercher de l'occupation dans les ateliers d'où le préjugé pourrait le repousser. Possesseur d'une industrie qui se suffit à elle-même, il se procurera plus aisément les moyens de l'utiliser.

Une différence considérable, qui est tout en faveur de l'isolement cellulaire, vient de ce que l'individu, dans sa cellule, travaille, non parcequ'il y est contraint, non pour le salaire qu'il en devra retirer, mais par le seul besoin d'échapper à l'ennui de l'oisiveté; il prend de l'occupation pour se distraire, comme il prend son pain, pour se substanter. La paresse n'a de charme que pour les prisonniers qui s'y livrent en commun, en conversant et qui ne sont privés d'aucun des avantages de la sociabilité.

« C'est une chose bien digne de remarque, dit Demetz, que ces hommes dont la plupart ont été conduits au crime par la paresse et la fainéantise, soient réduits, par les tourments de l'isolement, à trouver dans le travail leur unique consolation. En détestant l'oisiveté, ils s'accoutument à haïr la cause première de leur infortune, et le travail, en les consolant, leur fait aimer le seul moyen qu'ils auront un jour de gagner honnêtement leur vie. »

On a fait l'observation, à Philadelphie, que les détenus avaient une grande facilité d'apprendre ; la rapidité de leurs progrès dépasse toute croyance.

L'isolement garantit aussi aux entrepreneurs les soins que les détenus doivent mettre dans l'exécution de leur travail.

Le cellulé ne pourra rejeter sur un autre la responsabilité des matières mises à sa disposition. Dans cette situation, chacun reste avec ses œuvres. L'artisan, en entrant dans la prison, peut continuer à se livrer à sa profession sans danger pour la police intérieure ; quels que soient les outils qui seront mis en ses mains, il ne pourra jamais compromettre la sécurité de l'établissement.

Aussi, Demetz fait-il la remarque que le travail fait dans les cellules est beaucoup plus abondant qu'il ne l'est dans les ateliers communs, et en outre d'un débit plus facile et plus avantageux.

« Je n'hésite pas à déclarer, dit M. Guillot, que si, dans la prison d'Évreux, les individus étaient cellulés de nuit et de jour, toute personne intelligente pourrait s'engager à fournir toujours du travail aux prisonniers ; je vais plus loin, je garantis que l'entrepreneur de cette fourniture pourrait payer un prix qui, à peu de chose près, égalerait la dépense nécessaire pour la nourriture de chaque travailleur ; cette idée qui, sans doute, exprimée pour la première fois, paraît un paradoxe en ce moment, sera une vérité incontestable dans quelques années ; et s'il le fallait, j'en prendrais l'obligation par écrit. »

Il y a à Philadelphie, un moyen d'émulation qui consiste à n'accorder de la lumière, pour travailler le soir, qu'aux détenus dont le travail donne des bénéfices. On ne saurait croire combien l'idée de ne pas rester dans l'obscurité, pendant les longues soirées d'hiver, agit sur l'activité des détenus.

Dans les maisons soumises au régime d'Auburn, c'est en imposant le silence sous peine de châtiments corporels qu'on prétend empêcher toute communication verbale entre les prisonniers ; mais on n'y parvient pas : le règlement est violé malgré les plus terribles corrections.

L'obligation au silence est loin d'être aussi pénible lorsque le prisonnier est seul dans sa chambre, que quand il travaille dans un atelier où se trouvent réunis un grand nombre de condamnés qui s'excitent mutuellement.

Il ne s'agit plus que de maintenir l'ordre matériel et d'empêcher le bruit, les cris, les chants individuels, qui, sous aucun prétexte, ne doivent être tolérés; car ce pourrait être plus tard un moyen de reconnaissance.

On évite ainsi les ignobles punitions, les coups de nerf de bœuf qui sont appliqués immédiatement aux délinquants par les gardiens, et qui sont l'âme ou plutôt la honte du système auburnien.

Ce qui différencie encore sous ce point de vue le système cellulaire primitif d'Auburn du nôtre, c'est que, d'une part, il y a oisiveté ou travail inutile ; de l'autre, travail utile au prisonnier et bien plus utile encore à la société, parce qu'en aidant l'homme à mener à l'avenir une vie honnête, on garantit autant que possible le pays des récidives.

En Amérique, le principe est que tout le produit du travail des prisonniers appartient à l'Etat.

Nous ne poussons pas aussi loin l'application de ce principe ; il est naturel que l'Etat se récupère, sur les coupables, de la dépense qu'occasionnent la poursuite et le châtiment de leurs crimes, avec d'autant plus de rigueur, que le crime a été plus grave; mais nous pensons qu'il est convenable de laisser au détenu au moins la moitié ou même les trois quarts des profits de son travail, afin qu'il puisse se former un pécule suffisant (1) pour

(1) Le pécule est la part accordée aux détenus, sur le produit de leur travail, calculé sur la valeur intrinsèque de la quantité d'ouvrage qu'ils font.

l'entretenir pendant quelque temps, à l'époque de sa libération, en attendant qu'il ait pu trouver du travail ; mais ce pécule est en général bien peu de chose.

On voit dans des tableaux statistiques, distribués par le Ministre de la justice en 1836,

Que les condamnés n'avaient gagné, prix moyen, en quatre années de 1832 à 1836, que 24 centimes 3/4 par jour, ce qui pour le 1/3 placé à leur masse, n'a produit que 8 cent. 1/4 par jour et ne leur a laissé au plus, après 300 jours de travail qu'une somme de 26, fr. pour chaque année de leur détention (1).

En Amérique, en Angleterre, en Autriche et dans d'autres Etats, le produit du travail des condamnés entre en recette dans les caisses publiques, en échange des charges qu'ils imposent.

En Hollande, en Belgique, en Suisse, les condamnés n'ont part au produit de leur travail qu'après que toutes les dépenses de détention sont couvertes.

(1) Voici d'après la *Statistique des prisons et des établissements pénitentiaires de France en* 1865, (Paris, 1867) quelques renseignements au sujet du travail des prisonniers.

L'administration impose à chaque condamné une tâche de travail.

Les tâches sont calculées de manière à occuper les travailleurs de 10 à 12 heures, suivant les saisons. L'inexécution des tâches, les dégâts, les malfaçons, donnent lieu à des punitions ; de même, les excédants de tâche et l'assiduité exceptionnelle au travail sont l'objet de récompenses.

Comment veut-on qu'ils aient quelques ressources à leur sortie, quand le salaire de leur ouvrage ne leur procure qu'une somme aussi minime?

Malgré toutes les précautions, il arrive que, soit par méchanceté, par négligence ou maladresse, les condamnés gâtent les matières qui leur sont confiées ou les confectionnent d'une façon défectueuse. Aussi, pour un même nombre de bras, la production du travail est moindre que dans l'industrie libre, notamment en ce qui concerne le travail des hommes.

Environ 55 détenus sur 100 travaillent, et le produit, qui n'était, en 1855, que de 221,000 fr., s'élève aujourd'hui à 346,684 fr., 29 cent.; c'est une moyenne générale de gain 0 fr. 470 fr. 47 centim., par journée de travail, dont 24 cent., sont attribués aux travailleurs.

Le relevé suivant donne la moyenne annuelle des résultats du travail pendant les dix dernières années.

De 1856 à 1860, nombre de journées de détention = 8,356,310 Les journées de travail. = 5,931,750.

Produits. = 2,767,736 fr., 40 cent.

Gain moyen de la journée 0 fr., 48 c.. 35 m.

De 1861 à 1865, nombre de journées de détention, = 7,290,163.

Journées de travail, 5,258,504.

Produits = 3,136,523 francs 17 c.

Gain moyen de la journée 0 fr., 59 c., 9 m.

En 1865. — Les détenus ont reçu 0 fr. 25 c. 44 par journée de travail.

Les hommes . . . . 0 f. 23 c. 60 m.
Les femmes . . . . 0 f. 30 c. 61 m.

La somme perçue par l'entrepreneur général du travail donne une moyenne de 0 fr. 12 c. 13, par journée de détention dans les prisons où le travail fonctionne.

Un ministre de la justice eut un jour la bonhomie de dire à un roi, comme une chose étonnante, que 24 condamnés avaient récidivé 15 jours après leur libération, quoiqu'ils eussent emporté à leur sortie une somme de 50 fr.

« Eh que vouliez-vous donc qu'ils fissent, ces misérables, avec une telle somme? reprit le prince; ils en ont fait ce qu'ils pouvaient en faire: une débauche de 15 jours, et ensuite un vol pour ne pas mourir de faim.....(1)

Evidemment, rien ne justifie mieux l'utilité des sociétés de patronage pour les condamnés libérés, et combien il est nécessaire qu'on s'occupe activement des moyens de procurer, à ces malheureux du travail aussitôt après leur libération.

En présence du produit insignifiant que les prisonniers retirent de leur travail, l'État ne ferait-il pas mieux, de renoncer au produit de ce travail, et

La moyenne générale de la dépense par journée de détention a été, dans les prisons de la Seine, de 1 fr. 09 en 1865.

(1) La statistique de la justice criminelle constate que, sur 2,518 individus repris dans les trois ans de leur libération, 576 appartenaient à cette classe d'hommes sortie des prisons *sans pécule*, ou avec moins de 20 fr. et que 1,046 libérés ont été ramenés devant la justice, dans la période 1860-1865, pour délits de vagabondage, de mendicité, infraction au ban de surveillance et autres délits, indices déplorables de leur dénûment. (*Statistique des prisons*, 1865, p. LV.)

de consacrer la plus grande partie du temps de la réclusion des prisonniers, à les *instruire* et à les améliorer, surtout si la durée du séjour dans les pénitenciers est notablement abrégée, comme nous le demandons.....?

Lorsque le prix de la main d'œuvre est taxé trop bas, il en résulte un découragement pour les prisonniers; et, comme à l'égard des accusés et des prévenus, l'administration n'a aucun droit de contrainte, il est bien difficile de persuader à ces individus que, dans l'intérêt de leur santé ou de la police de la maison, ils doivent travailler pour fort peu de chose.

D'un autre côté, il importe aussi que les produits fabriqués par les prisonniers ne soient pas livrés au-dessous du taux auquel peuvent les fabriquer les ouvriers libres, sans quoi, il en résulterait pour ces derniers, un abaissement de salaire et une rivalité fort préjudiciables.

Les jeunes détenus de la Roquette étaient confiés, naguère encore, à des entrepreneurs, qui prenaient leur travail à l'enchère. La préoccupation de ces industriels, c'était uniquement de tirer parti du travail des enfants aussi vite et autant que possible. On leur donnait la même pièce à faire, pendant sept à huit ans, si bien qu'à leur sortie de prison, ces pauvres jeunes gens étaient absolument hors d'état de subvenir à leurs besoins. Aussi, les récidives étaient-elles nombreuses ; 80 sur 100 revenaient à la prison, et sur les 20 autres, beaucoup se conduisaient mal.

Par une circulaire du 10 mars 1834, le gouvernement avait demandé aux directeurs des maisons centrales combien il y a environ de détenus, sur cent, qui apprennent un métier, pouvant leur procurer des moyens d'existence après leur libération. Ce qui est remarquable dans les réponses, c'est que, dans les prisons de femmes, 90 à Clermont (Oise), 75 à Montpellier, 65 à Hagueneau et 70 à Rennes, sont mises en état de gagner leur vie, en sortant des prisons ; et que dans les prisons d'hommes, au contraire, 21 au plus à Melun, 18 à Riom, à peine 10 à Poissy, et presque aucun à Nismes et à Rennes, n'apprennent un métier qui puisse leur procurer des moyens d'existence suffisants.

On est obligé, d'après ces aveux, de reconnaître que l'administration des prisons, d'hommes surtout, laisse beaucoup à désirer sous ce rapport.

Nous terminerons ce que nous avons à dire sur ce sujet, par les deux délibérations qui suivent, prises par les conseils généraux de la Seine et de Seine-et-Oise :

Le Conseil général de la Seine dans sa séance du 20 octobre 1837 sur cette question :

Faut-il permettre le travail en commun dans les maisons de correction ?

Considérant que le travail en commun des condamnés, lors même qu'on les soumettrait au silence absolu, aura toujours le grave inconvénient de faire qu'ils se connaissent et se retrouvent à l'expiration de leur peine, que ce lien funeste des condamnés entre eux, est une cause perpétuelle de récidives, et pour la société un sujet de trouble et d'effroi; que le silence, inefficace pour parer à l'inconvénient signalé, ne pourrait être qu'imparfaitement observé, même à l'aide de punitions multipliées, plus capables de révolter la nature et d'entretenir l'esprit d'insubordination, que de produire une répression véritable.

Considérant que l'isolement continu, avec le travail dans la cellule, ne présente aucune de ces difficultés;

Considérant enfin, pour ce qui concerne la santé des détenus, que le régime de la séparation paraît avoir été suffisamment éprouvé, et qu'il présente, jusqu'ici, des résultats plus favorables que ceux des anciennes prisons, déclare se prononcer pour l'isolement continu avec travail dans la cellule.

Le conseil général de Seine-et-Oise dans sa séance du 1er septembre 1837, sur la question du travail continu, en cellule pour les condamnés.

Considérant :

Que le système d'isolement pendant la nuit, avec travail en commun pendant le jour, ne paraît pas devoir suffire, pour prévenir les relations qui pourraient s'établir entre les détenus ;

Que les châtiments corporels paraissent être, d'après l'expérience des Etats-Unis, les seuls capables d'assurer le silence exigé par ce système, et que nos mœurs ne permettent pas même d'en faire l'essai en France.

Qu'alors même que l'on pourrait arriver à ce résultat sans l'emploi des châtiments corporels, le travail en commun aurait toujours le grave inconvénient de permettre aux détenus de se voir et de se connaître.

Que le système d'isolement continu, avec le travail

obligé dans la cellule, offre toutes les garanties désirables, en empêchant toute communication entre les détenus, et dès lors toute reconnaissance entre eux à l'expiration de leurs peines ;

Estime que le travail dans la cellule du condamné soumis à l'emprisonnement, solitaire, continu, doit être préféré.

4° *Mise en liberté conditionnelle.*

Nous avons vu précédemment combien est grande et salutaire l'influence morale qu'exercent *sur l'âme des condamnés* la solitude et l'isolement lorsqu'ils sont convenablement appliqués.

L'homme à qui l'on a donné dans son enfance, les notions de la morale et de la religion, et qui garde, même au sein d'une vie dissolue, *Dieu sensible au cœur*, comme l'a dit Pascal, peut, en se recueillant dans la solitude, reporter ses souvenirs sur lui-même, et alors censurer son passé, opérer même en son intérieur une espèce de conversion.

Si à cela l'on ajoute des instructions orales ou écrites données chaque jour par des préposés instructeurs ou précepteurs spéciaux, des visites du directeur, des officiers de la prison; de l'aumônier, les bons conseils de personnes charitables, etc., le condamné s'améliorera insensiblement, et il prendra la ferme résolution de se bien conduire ; alors il pourra, sans inconvénients, être mis en liberté conditionnelle, sans que pour cela, il cesse d'être sous la main de la justice.

On doit laisser aux condamnés l'espoir et la possibilité d'arriver plus ou moins promptement à un état voisin de la liberté, et de vivre tranquilles après l'expiration de leur peine, dans des lieux où leurs actes antérieurs ne seraient pas une cause de répulsion.

Que l'idée d'une réhabilitation ne soit jamais bannie du cœur d'un coupable, si grand que soit son crime ! qu'il ne lise jamais sur le seuil d'un pénitencier, les mots affreux que le Dante avait inscrits sur la porte de son enfer :

« *Vous qui entrez ici renoncez à toute espérance!* »

La bonne conduite du prisonnier doit être prise en grande considération, afin que l'on puisse être fondé, avec un certain degré de raison, à diminuer la durée de sa détention et à lui accorder la liberté conditionnelle.

Deux fois par semaine, des notes seront prises sur chaque détenu et inscrites sur un registre spécial, d'après les rapports des gardiens, des précepteurs, des visiteurs officieux, de l'aumônier, etc.

Lorsque le détenu aura obtenu un nombre suffisant de bonnes notes, il pourra, si rien d'ailleurs n'y fait obstacle, être mis en *liberté conditionnelle*.

On objectera peut-être que parmi les condamnés que l'on aura jugés dignes d'être envoyés en liberté conditionnelle, il y en aura un certain nombre qui pourront être indignes de cette faveur et qui plus tard deviendront récidivistes; mais, d'une part, les hommes qui sont en liberté conditionnelle ne cessent pas pour cela d'être sous la main de la justice qui peut les reprendre et les renvoyer dans la cellule, avec aggravation de peines; d'un autre côté, en supposant même que la mise en liberté conditionnelle ne diminuât pas le nombre des récidivistes, il n'en est pas moins vrai que le système a, du moins, pour résultat incontestable et magnifique, de rendre plus tôt à la société, à leur famille, à la vie honnête, le nombre de ceux qui ne doivent pas retomber dans le crime; et ce nombre s'élève à 90 pour cent environ.

Rossi a dit que la perspective présentée aux détenus de voir leur peine abrégée en fait des hypocrites et leur donne un vice de plus.

Nous ne partageons point cette manière de voir, qui peut être vraie dans le système ancien des prisons et avec l'intimidation ; mais, qui ne l'est plus avec le système moralisateur que nous proposons.

En traitant les détenus avec douceur et bienveillance, en les moralisant, en les instruisant de leurs devoirs moraux et sociaux, ils en comprendront toute l'importance et ils reconnaîtront la nécessité d'obéir aux lois divines et humaines.

Au surplus, le condamné, devant se soumettre, de bon gré ou de force à la discipline, et à la règle de la maison, il finira par en prendre l'habitude ; après avoir fait des efforts pour contrefaire l'homme honnête, et pour paraître tel, *il le deviendra réellement*, peu à peu et par la seule force des choses, sans même que cela lui coûte trop. La vie régulière qui, dès le prime abord, lui paraissait une chose impossible, au dessus de ses forces, deviendra plus tard un besoin, une nécessité pour lui : il en aura contracté l'habitude.

Et après tout, la société ne sévit que contre des actes *matériels* de rebellion; elle ne peut s'attaquer au for intérieur, à la conscience des individus ; pourvu qu'ils respectent les lois, qu'ils n'attentent pas aux droits des autres, qu'ils accomplissent leurs devoirs sociaux, la société n'a point à juger s'ils le font de bon cœur ou non ; elle n'intervient que quand on enfreint ses lois d'une manière notoire et flagrante.

Combien d'hommes se soumettent à des pratiques religieuses, à des lois que leur conscience répudie, à la loi du dimanche par exemple? Combien de gens vont à la messe et qui ne croient pas à la transsubstantiation, à l'immaculée conception, à la divinité de Jésus peut-être ?...

Il suffit à la société d'une obéissance passive aux lois : qu'elle soit feinte ou simulée, n'importe, pourvu que les lois soient exécutées ! Vouloir davantage, ce serait aller se briser contre une puissance, que Dieu seul peut atteindre : la conscience humaine.

Si le coupable mis en liberté conditionnelle, a par lui-même quelques ressources, une famille, des moyens d'existence, on doit lui accorder la faculté de se placer où et comme cela lui conviendra le mieux, sans que pour cela, il cesse d'être l'objet de la vigilance de l'administration ; mais cette surveillance doit être paternelle, protectrice, bienveillante et non point hostile ou tracassière.

Toutefois, on pourra imposer au libéré conditionnel, l'obligation de se tenir éloigné de certaines localités, de celles, par exemple, qui ont été le théâtre de ses crimes ou de son inconduite.

Un homme qui dans un transport de jalousie aura porté un coup de couteau à sa maîtresse, n'est pas pour cela un criminel démoralisé, perverti, qui doit être à jamais retranché de la société; mais on doit l'obliger à s'éloigner du lieu où il a commis le crime, et ne pas l'exposer à se rencontrer face à face avec sa victime.

Il serait nécessaire que l'administration conservât le signalement et même la photographie du condamné qui est provisoirement élargi, afin qu'on pût au besoin le retrouver.

Le libéré conditionnellement devra en outre se présenter à certaines époques déterminées, en personne, devant un magistrat préposé à cet effet, soit le juge de paix ou le maire du lieu de sa résidence, pour l'informer de son séjour, faire constater sa présence et son identité, afin qu'en cas de plainte, d'inconduite ou de manquement grave les magistrats puissent faire appréhender de nouveau le coupable et le réintégrer dans le pénitencier, où il devra être soumis à un régime plus sévère.

Ce mode de libération conditionnelle, pure et simple, nous paraît préférable à la libération graduée des Irlandais, qui fait passer les condamnés par plusieurs ordres de prisons intermédiaires, *en commun*, et les retient, pendant trop longtemps, en état de surveillance et de suspicion.

Sans des garanties réelles, il y aurait peut-être quelque danger à effacer entièrement la surveillance de la police du livre de la loi ; mais il faut qu'elle soit exercée humainement et paternellement ou qu'elle soit remplacée par les mesures propres à atteindre le but qu'on se proposait par l'application de cette peine.

La déclaration de changement de résidence, dont nous venons de parler, satisfait d'une manière suffisante aux deux espèces de garanties que Victor Foucher exige des libérés :

1° En matière de crimes et de délits contre les personnes : l'éloignement du lieu où le crime a été commis, et de la résidence de la personne lésée.

2° En toute matière, une caution de bonne conduite, dès que la gravité de la peine prononcée forme, contre le coupable, une présomption du besoin de cette garantie.

On a proposé de créer des prisons *intermédiai-*

res, comme dans le système irlandais, des *asiles*, des *colonies agricoles*, où les libérés trouveraient un refuge et du travail assuré, tout en restant à l'abri des tentations que pourrait leur offrir le séjour dans les grands centres ; dans un pénitentier placé dans nos landes, loin des habitants, sous une active surveillance et une direction ferme et éclairée...Ce sont des idées malheureuses, selon nous, car ces hôpitaux du crime, seraient loin d'être des écoles de vertus : la réunion d'hommes qui ont déjà failli, prévariqué, est trop dangereuse, à notre avis, pour que nous proposions de la mettre à exécution; on perdrait, on anéantirait ainsi les bons effets que l'on se propose d'obtenir, ou même ceux que l'on aurait obtenus, par *l'isolement moralisateur*. Dans notre opinion, il vaut mieux disséminer, isoler les condamnés libérés, que de les réunir et de les grouper en masse.

Nous ne nous éleverons pas d'une manière aussi absolue contre l'établissement des *colonies pénitentiaires agricoles* pour les *jeunes détenus*, quoique cependant nous préférerions de beaucoup qu'ils fussent placés *isolément*, dans les campagnes, au lieu d'être réunis en nombre; car il ne faut pas assimiler à des malfaiteurs de jeunes enfants sans passions développées, sans vices enracinés.

Le plus souvent, la source des torts des jeunes détenus a été le besoin; la faiblesse de leur âge, en les mettant dans l'impuissance la plus complète de pourvoir à leur subsistance, les a réduits et livrés au désordre, comme à une ressource désespérée. On est effrayé de songer au nombre prodigieux d'enfants, ou de jeunes adultes qui, dans toute la France, subissent à des degrés plus ou moins forts, la répression des tribunaux correctionnels ou des cours d'assises. Ce nombre excède annuellement 6,000 (1). Parmi eux, 4,000 environ sont âgés de moins de 16 ans, les autres ont de 16 à 21 ans.

Les trois quarts des jeunes détenus n'ont été poursuivis que pour fait de mendicité et de vagabondage, ou par mesure administrative; à peine si un quart d'entre eux a été puni pour de véritables délits ou crimes, dont un cinquième, au plus, était dirigé contre les personnes; les quatre cinquièmes n'avaient pour objet que des attentats à la propriété.

Il est impossible d'admettre que tous ces jeunes détenus sont pervertis à tel point, qu'il n'y a plus d'espoir de réveiller ou de féconder en eux les germes du bien. La plupart ne demanderaient qu'à être placés par une main tutélaire dans une bonne voie.

Mais au moment où les regards de la justice s'arrêtent sur eux, ils sont jetés dans les prisons, au milieu d'une population initiée à tous les secrets et vieillie dans toutes les habitudes de la corruption la plus variée comme la plus profonde.

(1) Au 1er janvier 1866 : 6,268 garçons et 1,538 filles = ensemble 7.806, dont 5,885 au-dessous de 17 ans.

Quelques mois passés à une telle école achèvent de les perdre; là, ils écoutent avidement des récits qui, en exaltant leurs imaginations, détournent au profit du mal, cette faculté d'enthousiasme, naturelle à leur âge, et leur font prostituer toute leur admiration et toute leur estime à ces êtres audacieux qui, en hostilité permanente avec la société, mettent une sorte d'orgueil à braver ses maximes les plus saintes, comme ses plus redoutables menaces.

Les colonies pénitentiaires de Mettray, près Tours (Indre-et-Loire), d'Ostwald, près Strasbourg et plusieurs autres, ont rendu des services signalés, tant sous le rapport de l'éducation morale des jeunes colons, que sous celui de leurs intérêts matériels, après leur sortie de l'établissement.

Grâce à ces colonies, les malheureux enfants que l'inconduite de leurs parents, les mauvais exemples, et le défaut d'instruction, ont fait faillir un jour, sans que ce fût trop de leur faute, deviennent au grand air, de forts et honnêtes travailleurs.

Ils ne s'étiolent plus, ils ne se corrompent plus comme autrefois, privés d'exercice et de lumière, dans de tristes prisons, où ils étaient employés pendant dix heures, par jour, à tourner sans cesse des bâtons de chaises ou à ajuster des queues de boutons.

Les travaux agricoles et horticoles, sont ceux auxquels on doit donner la préférence pour les coupables auxquels on accorde la liberté conditionnelle; ces travaux sont abondants, variés, à la portée de tous; ils calment, reposent et consolent l'âme en proie aux remords et aux mauvaises passions.

Pourquoi, lorsque l'agriculture se plaint de manquer de bras, ne pas refouler cette population de détenus vers les campagnes? pourquoi ne pas essayer ce moyen, sur ces jeunes garçons, la plupart maladifs ou scrofuleux, que le changement d'air, de lieu et de régime, améliorerait incontestablement, sous le point de vue sanitaire?

Car, *le but des réformes et des améliorations pénitentiaires bien entendues doit être de rendre à la société, non seulement des hommes honnêtes, mais encore des hommes valides*, etc.

Le renvoi des libérés aux champs, à l'agriculture, serait une mesure tout à la fois excellente et très économique, mais à la condition expresse que les individus fussent placés chacun séparément dans les fermes, et non point par masse, ou en nombre, ce qui constituerait un double danger, tant pour le pays et la société que pour les libérés eux-mêmes, à qui cette réunion ne manquerait pas de devenir fatale.

Les cultivateurs, les vignerons qui ont besoin d'employer beaucoup de main-d'œuvre et qui ne donnent trop souvent à leurs terres que des façons insuffisantes et incomplètes, parce que pour eux, la main-d'œuvre est toujours chère et dispendieuse, pourraient trouver de grands avantages à occuper des libérés amendés et corrigés par l'éducation pénitentiaire.

Le système agricole des travailleurs condamnés, tel qu'il est pratiqué dans plusieurs endroits, à Berne, par exemple, présente un grave inconvénient : c'est que les détenus sortent ensemble processionnellement de la prison et de la ville, pour aller travailler aux champs ; non-seulement on empêche ainsi la régénération, la réhabilitation future des coupables ; mais toute leur famille est atteinte et subit une flétrissure à la vue d'un de ses membres, qui passe tous les jours dans les rues, dans un cortège de malfaiteurs, et cela sous les yeux de ses anciennes connaissances. Par suite de cette publicité, l'homme qui a une fois failli est stigmatisé, par la vindicte publique ; la société est impitoyable pour les malheureux qui sortent des prisons ; il n'y a, pour ainsi dire, plus d'espoir pour les libérés.

Il importe donc de lutter contre le préjugé barbare et inhumain qui fait un paria, d'un libéré, qui le repousse au lieu de l'aider à trouver une place et du travail.

Si le condamné, mis en liberté conditionnellement, n'a ni famille, ni domicile, ni aucun emploi, c'est à l'administration publique, c'est aux sociétés philanthropiques de patronage qu'incombe le devoir impérieux de lui procurer du travail, de le placer de telle sorte, qu'il puisse vivre honnêtement.

Les chefs d'ateliers éprouvent généralement une grande répugnance à recevoir les libérés, et à leur donner de l'ouvrage. Tout moyen de vivre honnêtement, leur est par cela même interdit ; le préjugé inexorable les repousse. Alors, livrés au désespoir ou aux séductions du vice, leur âme se dégrade, leurs mœurs se corrompent. Ils retombent dans le mal plus promptement qu'ils ne sont remontés vers le bien.

« Vous frémiriez, dit un membre *de la Société du patronage des libérés*, si je vous faisais le récit des criminelles excitations qui les attendent à l'expiration de leur peine ; l'infâme débauche, les vieux suppôts du crime veillant à la porte de l'établissement, épient les premiers pas que font ces malheureux dans la voie de la liberté qui leur est ouverte, se prévalent de leur dénûment comme de leur inexpérience, et, par tous les moyens qui sont à leur usage, les déterminent à se faire leurs auxiliaires et leurs complices. »

Malheureusement, la société repousse l'homme, la femme, la fille, le garçon, qui ont été flétris par la prison, qu'ils y aient été une ou plusieurs fois ; c'est là une chose fâcheuse, à laquelle il faut indispensablement porter remède.

La société, tout en en ayant l'œil ouvert sur les condamnés mis en liberté conditionnelle, ou même entièrement libérés, doit donc, au moyen d'associations charitables, philanthropiques de patronage, et même administrativement, s'occuper de leur procurer du travail, de les placer convenablement, de leur venir en aide, enfin de leur procurer des moyens de subsistance, en attendant qu'ils aient pu se procurer de l'ouvrage pour gagner honorablement leur vie.

Les membres des sociétés de patronage, les patrons et les dames patronesses, doivent remplir envers les jeunes libérés, dont ils auront accepté la surveillance, une sorte de tutelle qui consiste à se charger, de concert avec leurs parents ou tuteurs s'ils en ont, d'assurer leur placement pour le jour même de leur sortie, de retirer leur masse de réserve et d'en diriger l'emploi ; de pourvoir à tous leurs besoins au moyen des fonds mis à leur disposition ; de les visiter souvent, de les aider de bons conseils, de rendre enfin compte au bureau, de leur conduite, de leurs progrès dans le bien et de l'emploi des sommes qui composaient leur masse de réserve ou qui leur auront été allouées par la Société.

Il serait donc à désirer que l'administration supérieure, mît sous la tutelle bienveillante des magistrats, des maires, des juges de paix, des pasteurs, etc., les individus qui sont envoyés en liberté conditionnelle ou définitive, et que ces magistrats pussent remplir vis-à-vis des libérés, les fonctions de véritables patrons.

En Suisse, la Société de la morale chrétienne, donne un asile et la nourriture à tous les hommes sortant de prison, jusqu'à ce qu'ils aient pu se procurer un logement et de l'ouvrage.

La loi de charité, que nous portons dans nos cœurs, nous dit que nous devons aide au faible, au coupable; que nous ne devons pas le repousser; mais au contraire, lui tendre la main, l'aider à se créer une existence qui l'empêche de retomber dans le mal.

En définitive, il faut faciliter aux prisonniers libérés le retour dans la société, au lieu du sentiment de répulsion, qu'ils y ont rencontré jusqu'ici et qui pouvait être motivé, jusqu'à un certain point, par la corruption, le contact et les mauvaises leçons des prisonniers de toutes les classes, abandonnés pêle-mêle. Mais dans le système de séparation absolue ces dangers ne sont plus à craindre. C'est une œuvre de charité chrétienne et d'humanité qu'il faut se hâter de mettre à exécution.

Surveillance. — Le patronage officieux, paternel et protecteur, est bien différent de la surveillance de la haute police, qu'il faut supprimer tout à fait, ou du moins modifier d'une manière notable.

Car la surveillance, tout accessoire qu'elle soit légalement, est souvent plus terrible dans ses conséquences que la peine principale.

La loi déclare la surveillance perpétuelle (article 7, du Code pén.) pour les condamnés aux peines criminelles; et, pour les condamnés aux peines correctionnelles, le *minimum*, lorsqu'elle est prononcée, est de cinq ans.

« Cette peine, que les Codes des autres nations ont repoussée, suit nécessairement les récidivistes, contre lesquels elle est toujours prononcée, même en cas de simple délit (art. 58, du Code pénal.) Elle est aussi prononcée contre beaucoup d'autres condamnés des maisons centrales. Sur un effectif de 18,385 condamnés, on en compte 10,411 soumis à cette mesure lors de leur libération; soit 56,62 pour 0/0 : Il y a 54,50 hommes et 66,02 femmes sur cent (1). »

« Quinze ans d'expérience, dit Victor Foucher, me font déclarer la surveillance, hautement inutile, immorale et dispendieuse pour la société.

« Inutile, car quel est le libéré qu'elle a arrêté dans la perpétration d'un nouveau crime? Et pour beaucoup, l'infraction au ban de surveillance est un prétexte pour se faire réintégrer dans les prisons et y vivre aux frais de l'Etat.

« Immorale, car elle frappe d'un stigmate d'infamie l'homme qu'elle atteint; et à cette qualification de mise en surveillance, toutes les portes se ferment sur le malheureux qui y est soumis et qui est ainsi condamné à mourir de faim, ou à recommencer son premier métier.

« Dispendieuse, car outre les frais de police administrative qu'entraîne la surveillance des l

(1) Statistique des prisons, 1865, page XLIX.

bérés, je trouve qu'en 1835, 2,024 individus ont été condamnés, pour simple délit d'infraction de ban; dont 326 à plus d'un an de prison et 1692 à moins d'un an; or, la dépense de chacun des condamnés, y compris les frais de geôle, monte annuellement à 250 fr. au moins. »

Il est donc urgent, sinon de supprimer la surveillance, du moins de la modifier de manière que, sans ôter à la police ses moyens d'action sur les libérés, ceux-ci puissent vivre et avoir la faculté de devenir de bons citoyens. Car, répétons-le, c'est la surveillance, si facile à éluder d'ailleurs, qui place les libérés dans l'alternative de mourir de faim ou de commettre de nouveaux crimes.

« Enfin, dit le docteur Bonnet, ne pourrait-on pas faciliter aux libérés les moyens de passer en Afrique et en Amérique, où ils seraient employés à la culture et au défrichement des terres ? On formerait ainsi un ou plusieurs champs d'asile, dans des pays voisins du nôtre, et les résultats qu'on en obtiendrait seraient nécessairement profitables à l'Etat. »

On n'aurait qu'à gagner à une telle institution : les libérés sans ressources s'estimeraient généralement heureux de s'expatrier dans une contrée où leurs antécédents ne seraient pas une cause de répulsion pour eux, où le produit d'un travail quotidien, mais proportionné à leurs forces, leur permettrait de mener une vie tranquille et honnête.

Quant aux incorrigibles, aux récidivistes, aux

grands criminels auxquels nos lois appliquaient autrefois la peine de mort, les travaux forcés à perpétuité, etc. ; nous pensons qu'il conviendrait de les soumettre, d'abord pendant un certain temps, six mois au moins, à l'isolement cellulaire *moralisateur*, avec un régime rigoureux, et après l'expiration de cette première partie de leur peine, de les exporter hors du territoire continental de l'Europe, en Afrique ou en Amérique, dans un établissement pénitentiaire ou une colonie agricole analogue à ceux de Mettray, d'Ostwald, etc.

La déportation au-delà des mers est le meilleur moyen de délivrer le pays de ces malfaiteurs incorrigibles et redoutables qui, dans les prisons s'érigent en professeurs de crimes, et qui, rendus à la vie civile, ne manquent presque jamais de commettre de nouveaux forfaits.

Outre l'avantage de purger le pays d'une foule d'hommes pervers et dangereux, cette sorte de colonisation serait un moyen puissant d'amélioration pour les condamnés, le seul possible dans la situation. Les colonies pénales laisseraient, en effet, aux libérés déportés l'espoir et la possibilité de vivre tranquilles dans des lieux où leur passé est inconnu. Le travail forcé, auquel ils doivent se livrer journellement pour subvenir à leurs besoins, modifie peu à peu le moral du plus grand nombre, et finit, sinon par les ramener à la vertu, du moins par leur donner l'habitude et le goût d'une vie laborieuse et régulière.

Les adversaires des colonies pénales, pour les condamnés, leur reprochent de ne pas constituer un châtiment proportionné à la gravité des crimes qui en rendent passible; et, par conséquent, d'être aux yeux des malfaiteurs un bienfait plutôt qu'une punition.

Nous pensons que les condamnés sont d'un tout autre avis, et que beaucoup d'entre eux préféreraient les bagnes aux colonies pénitentiaires. La privation de la liberté est la même ; le régime est tout aussi sévère ; l'assujettissement aux travaux forcés tout aussi obligatoire; et il faut ajouter à cela : l'expatriation dans des pays lointains, dans un climat souvent inhospitalier, où les condamnés ne peuvent trouver aucun des adoucissements qu'ils se procureraient facilement dans la mère patrie.

Il ne faut pas se dissimuler, cependant, que l'agglomération d'un grand nombre de criminels, dans un même lieu, pourrait avoir quelquefois des inconvénients sérieux. Aussi préférons-nous que les libérés, comme les criminels, vivent autant que cela se pourra faire, séparés, éloignés les uns des autres.

Condamnés politiques. L'emprisonnement cellulaire, ou le système de l'isolement, doit-il être appliqué aux détenus politiques? Non! cela n'est aucunement nécessaire, à moins que les détenus eux-mêmes ne réclament cette forme, afin de pouvoir se livrer à des travaux particuliers, qu'ils ne pourraient exécuter s'ils vivaient en commun.

Dans tous les cas, il convient que les rigueurs de l'isolement soient tempérées, adoucies par des mesures libérales et bienveillantes. . . . .

« Chez les gouvernements absolus, dit M. Dubois, le condamné politique est placé, non en présence d'une société qui réprime et punit sans colère, dans l'intérêt seul de la justice, mais d'une tyrannie offensée qui veut se venger ; or, si le système cellulaire est appliqué aux condamnés politiques, la cellule sera pour ces malheureux un tombeau vivant. On leur infligera toutes les tortures physiques ou morales, sans que leurs plaintes soient entendues par des compagnons de captivité ; ou s'ils parviennent à faire transpirer au dehors l'expression de leur douleur, cette expression ne trouvera pas d'écho, même dans une presse disposée à dénoncer à l'opinion les iniquités du pouvoir. »

Les craintes que l'on avait exprimées de voir employer à l'égard des prisonniers politiques le système philadelphien, dans ses rigueurs, sont malheureusement devenues une triste réalité. La philanthropie qui croyait travailler au bien de la Société et à l'amélioration morale des délinquants et des criminels a fourni des instruments de vengeance aux partis réactionnaires.

« Personne n'ignore, dit le Dr Bonnet, que sur 80 détenus politiques qui avaient été renfermés sous la dernière dynastie, dans la prison du Mont Saint-Michel, il y eut dans l'espace de quatre ans, et par suite de punitions disciplinaires : deux suicides, une tentative de suicide, quatre cas de folie, deux d'idiotisme et sept cas de maladies chroniques tellement graves, qu'on dut envoyer ceux qui en étaient atteints dans des lieux plus salubres. »

« Il y a dans les prisons d'Europe, dit l'honorable Pascal Duprat, une quantité d'hommes honnêtes et d'hommes de bien, qui n'ont commis d'autre crime que de défendre les lois de leur pays. Pouvez-vous proposer des mesures pour les amender, pour les ramener vers le bien, alors que pour eux, le bien est le but qu'ils poursuivaient? Je dois à ma conscience, à ma dignité, à mes souvenirs de protester contre l'assimilation des condamnés politiques aux misérables et aux criminels. »

Il y a tant de revirements en Europe, la roue de la fortune tourne avec une si grande vitesse, que celui qu'on maudit aujourd'hui, comme un criminel, un infâme, sera déifié demain. La prison de Ham a servi d'Académie à Napoléon III, selon sa propre expression.

Tout ce que la loi du plus fort ou de la majorité peut raisonnablement exiger ou établir, c'est d'éloigner momentanément la minorité rebelle, hostile ou récalcitrante ; de diviser ses membres et de leur assigner pour résidence, non point Cayenne où un mont Saint-Michel, mais certaines villes, un chef lieu de canton, un village même, tout en assurant à ces martyrs de leur foi ou de leur probité politique, la sécurité la plus entière : la protection la plus large et une grande liberté personnelle sont les vrais caractères de la force réelle, du droit et de la raison. Voyez, page 35, les conclusions du rapport de Boulay de la Meurthe, au conseil des Cinq cents, lors de la conspiration du 18 fructidor.

Le temps n'est plus où l'on refusait aux écrivains politiques détenus à la Bastille du papier et des plumes ; où ils étaient forcés d'écrire sur les murs avec leur sang et une arête de poisson ! Les détenus politiques doivent avoir toutes les facilités d'écrire, à la condition toutefois que leurs écrits ne sortiront pas au dehors de leur retraite ; ce qu'il est toujours possible d'empêcher.

Des prévenus.

Les dispositions draconiennes de notre Code pénal, édicté sous le premier Empire, se ressentaient encore, à l'égard des prévenus, de l'esprit de l'ancienne magistrature, « qui ne voulait à aucun prix laisser échapper son gage. »

La législation en matière de détention préventive, d'élargissement, de cautionnement, était très-défectueuse, à peine en progrès sur les procédés en usage avant 1789.

Les criminalistes modernes, imbus d'idées plus larges et plus humanitaires, réclamaient depuis longtemps l'amélioration de la législation sur les mandats d'arrestation et la liberté provisoire.

D'importantes modifications ont été apportées en 1848 et 1865, à la législation préventive du Code pénal ; mais elles sont encore fort incomplètes et insuffisantes, de l'aveu même de magistrats spécialistes : MM. Faustin Hélie, Paringault,) etc.

« Les formalités exigées pour arriver à l'élargissement sont trop compliquées ; la mise en liberté provisoire a toujours été d'une application extrêmement rare, dans la pratique, et donne lieu à certaines difficultés que la routine cherche à rendre plus sérieuses encore (M. Paringault) (1).

« La réforme, ajoute cet honorable magistrat, nous paraît pouvoir être plus complète, et nous ne nous sentons pas effrayé par ce que d'autres pourront appeler les témérités de la loi. » p. 13.

Les prévenus en état d'arrestation en vertu d'un mandat du juge d'instruction, forment une classe tout-à-fait exceptionnelle ; et c'est pour eux que, depuis longtemps l'équité et la raison réclamaient une amélioration de régime ; c'est pour eux que la séparation scrupuleuse des autres détenus est une mesure nécessaire, un droit

(1) E. Paringault, *De la réforme de la législation sur la mise en liberté provisoire,* Paris, 1865.

légitime et sacré, car le régime d'isolement, fût-il rejeté pour les condamnés, doit être admis pour les prévenus.

Le but unique de la loi est la représentation de l'inculpé toutes les fois que les besoins de l'instruction le réclament; et c'est parce que la loi suppose que, quand il y a inculpation de crime, l'intérêt du prévenu doit le porter à se soustraire à l'action judiciaire, qu'elle ordonne impérieusement sa détention préventive.

Mais la loi, dans cette hypothèse, ne se fonde que sur une supposition qui doit nécessairement tomber devant la supposition contraire ; et cela aura lieu toutes les fois que la garantie obtenue de l'inculpé sera telle qu'il aura intérêt à ne pas l'enfreindre.

La liberté provisoire sous caution, en matière correctionnelle n'a pas d'autre fondement.

D'ailleurs, si l'inculpé sous caution ne comparaît pas, ne s'impose-t-il pas à lui-même la punition de se cacher ? c'est une détention. S'il s'expatrie, c'est le bannissement, ou la déportation autre peine très-grave.

Mais dans l'hypothèse où l'inculpé est détenu, il ne doit pas, dans notre système, être exposé à se trouver en contact avec les habitués des bagnes et de nos maisons de détention ; il doit en être complétement séparé ; alors on n'aura pas la douleur de voir des gens présumés innocents, mêlés à tout ce que les prisons renferment de plus impur et de plus dangereux.

Voici deux délibérations fort sages prises par les conseils généraux de la Seine et de Seine-et-Oise.

Extrait du registre des procès-verbaux du conseil général du département de la Seine.

Le conseil général de la Seine, dans sa séance du 20 octobre 1837 :

Vu la circulaire en date du 18 août dernier, à MM. les préfets par M. le ministre de l'Intérieur, pour inviter les conseils généraux à donner leurs avis sur les questions suivantes, savoir :

1° Y a-t-il lieu dans l'intérêt des mœurs des prévevenus et dans celui de leurs familles, de décider qu'ils passeront dans l'isolement tout le temps qui précédera leur renvoi de la plainte ou leur jugement ?

Considérant :

Que la vie commune dans les maisons d'arrêt, est une source de corruption pour le prévenu innocent, qu'une imprudence, une faute légère, une méprise ou erreur ont placé sous la main de la justice, et fournit un aliment à la perversité des prévenus arrêtés pour des motifs réels.

Considérant que la séparation des prévenus par catégories est un remède illusoire aux inconvénients de la vie commune......

Considérant que la prison avec la vie commune, procure aux malfaiteurs, le lieu et le temps d'organiser des entreprises criminelles, de s'assurer des complices, et de se créer des adeptes parmi les compagnons et les témoins de leur infamie ;

Que les liens qui s'y forment se perpétuent au dehors et se fortifient par la puissance de l'homme immoral sur l'être faible qu'il a perverti, comme aussi pour la répulsion que la Société éprouve pour quiconque a subi une détention.

. . . .

Considérant d'ailleurs que cet isolement n'a aucun rapport avec le secret exigé dans l'instruction de certaines affaires; que le prévenu ne doit être isolé, qu'à l'égard des autres prévenus, dont la société lui est interdite, mais qu'il pourra trouver un adoucissement à la rigueur de sa solitude, dans les visites plus ou moins fréquentes de l'aumônier ou des employés, dans celles de son défenseur, de ses parents ou de ses amis; enfin dans la possibilité de lire ou d'écrire ou de se livrer à toute autre occupation, comme aussi d'obtenir tout ce qui pourra se concilier avec sa position, etc....

. . . .

Déclare être d'avis que les prévenus doivent passer dans l'isolement, tel qu'il vient d'être défini, tout le temps qui précédera leur renvoi de la plainte ou leur jugement, et que le principe de la séparation de jour et de nuit doit être étendu aux maisons de dépôt.

Le conseil général de la Seine a aussi autorisé la cantine et la pistole, en faveur des prévenus.

Le conseil général de Seine-et-Oise dans la séance du 1er septembre 1857, sur la question de l'isolement de jour et de nuit des prévenus.

Considérant :

Que l'innocence toujours présumée des prévenus exige de la part de l'autorité tous les ménagements conciliables avec l'obligation qui lui est imposée de les conserver sous la main de la justice.

Se prononce pour l'affirmative, mais en admettant tous les adoucissements compatibles avec les règlements de l'établissement.

TROISIÈME PARTIE.

De l'administration et du régime intérieur des Établissements pénitentiaires.

Nous considérons les établissements pénitentiaires comme des infirmeries ou des hôpitaux dans lesquels on soigne des malades atteints d'infirmités morales plus ou moins graves.

L'administration et la direction des établissements pénitentiaires ou de répression, ne doivent être que la conséquence et l'application de ce principe.

Direction. — Les bons résultats que l'on peut attendre d'un système pénitentiaire, dépendent tout à la fois, et du système lui-même, et de la manière dont il est appliqué.

On peut même dire, d'une manière générale, que dans les prisons pénitentiaires, le succès d'un système, est moins dans le système, que dans les personnes qui sont chargées de l'appliquer.

Rien ne saurait en effet suppléer à l'influence puissante d'un bon directeur ; aussi a-t-on dit avec beaucoup de raison : Tant vaut l'homme, tant vaut le système.

Pour être convenablement organisé, un établissement ne devrait pas contenir plus de trois cents cellules ; autrement il devient impossible au directeur le plus habile de tout surveiller par lui-même, d'embrasser toutes les parties de son administration. On a voulu dépasser ce chiffre, en se fondant sur la vertu des règlements ; mais aucun règlement, quelque excellent qu'il soit, ne remplacera jamais la puissante influence d'un bon directeur ; on peut, sans doute, faire régner l'ordre dans la maison ; mais lorsque le nombre des prisonniers est trop grand, on ne peut plus obtenir les effets de régénération, que l'on a surtout en vue avec le système cellulaire moralisateur.

La grande difficulté pour tous les systèmes, c'est d'avoir de bons directeurs, c'est-à-dire des hommes qui soient tout à la fois éminents par l'esprit et le cœur; qui aient une véritable vocation pour leur état; qui sachent trouver et discerner les meilleurs moyens à mettre en usage vis-à-vis des grands criminels, et vis-à-vis de ceux qui ont été incarcérés pour de petites fautes.

L'un des points principaux à régler dans les établissements pénitentiaires, c'est la surveillance; elle doit être active et continue, exercée par le directeur lui-même, qui doit savoir établir et maintenir à l'intérieur de la prison une discipline sévère ; *il doit tout voir* par ses propres yeux, afin que, s'il y a des punitions infligées, elles le soient par des témoins directs de l'infraction, et non à suite de dépositions et de rapports dont l'exactitude ne peut pas toujours être suffisamment contrôlée. Il y a plus, le directeur ne doit pas seulement tout voir, il doit voir sans être vu.

Ce sont des conditions essentielles et importantes auxquelles il faut satisfaire soigneusement et consciencieusement.

Suivant le marquis de Larochefoucauld-Liancourt, le système cellulaire a l'inconvénient de donner lieu à des abus, par la facilité qu'ont les directeurs de rendre la peine plus sévère que la loi ne l'exige, ou bien, au contraire, de l'adoucir suivant le caprice ou la partialité des personnes investies du pouvoir d'en faire l'application aux prisonniers.

« On amène ainsi, peu à peu, dit-il, d'abord comme abus, comme exception ensuite, et enfin comme règle, plus ou moins mitigée, ou plus ou moins violente, suivant les circonstances, les négligences ou les caractères plus ou moins pitoyables des directeurs, concierges, et même des derniers guichetiers, toutes les tortures et tous les actes de cruauté qu'on voit pratiquer si complaisamment, si habituellement et si illégalement en Angleterre et en Amérique. »

L'isolement, sous le rapport moral, est une pénalité qui peut être facilement aggravée, par les caprices d'un directeur inhumain; torture administrée légalement sous des formes philanthropiques et quelquefois même religieuses; torture qui, dans une réaction politique ou dans les pays despotiques, pourrait devenir un instrument terrible.

Ce qui est blâmable au premier chef dans la plupart des prisons ordinaires, c'est *l'espionnage*, c'est un raffinement de surveillance, fondé sur la trahison; c'est la ruse et l'hypocrisie; or, c'est surtout à ces hommes, qu'on veut ramener à la vertu, qu'on ne doit jamais donner des exemples d'immoralité.

Il résulte du système d'espionnage une grave conséquence, c'est que les détenus sont occupés sans cesse à chercher mille ruses pour tromper les moniteurs. MM. Crawford et Russell s'expriment sévèrement sur cette lutte incessante qui a lieu entre les prisonniers espions et les prisonniers espionnés : « Est-ce là le genre et la tournure d'esprit auxquels les partisans du système désireraient voir les prisonniers se livrer sans cesse? Est-ce là un mode de discipline propre à faire naître la réflexion et à provoquer le repentir? »

« Le système d'espionnage, dit Miss Martineau, dans son livre sur *la Société américaine*, est intolérable, sous quelque point de vue qu'on le considère; c'est la plus grave des insultes. S'il est une circonstance où l'insulte doit être évitée, c'est lorsqu'il s'agit de réformation. »

Régime intérieur de la prison pénitentiaire.

A son entrée dans le pénitencier, le prisonnier sera lavé, nettoyé, revêtu du costume de la maison, et désigné sous un numéro d'ordre. Il sera visité par le médecin, qui constate l'état de santé dans lequel il se trouve.

Le prisonnier est conduit ensuite vers le directeur de l'établissemont, qui lui adresse des exhortations, lui fait connaître les principaux articles réglementaires auxquels il doit se soumettre d'une manière absolue, les punitions qu'il encourt en cas d'infraction ou d'insubordination, les récompenses, les adoucissements, et même une diminution de la durée de sa peine, la mise en liberté provisoire auxquels sa bonne conduite peuvent aboutir, etc., etc.

Cela fait, on le renferme seul dans la chambre qui lui est destinée, et dans laquelle on aura préalablement déposé la ration de pain et d'eau nécessaire pour la journée, les instruments de travail dont il doit faire usage et quelques livres moraux à lire et à copier, s'il sait lire et écrire.

On lui enseignera ce qu'il devra faire pour le nettoyage et l'appropriation journalière de sa chambre et de sa personne, pour recevoir sa nourriture, pour son travail, etc.

L'ameublement de la chambre consiste en un lit de fer avec une simple paillasse ; des couvertures en nombre suffisant, suivant la saison, une chaise, une garde-robe mobile, désinfectante et inodore (plâtre et charbon) (1).

(1) Voyez dans le Bulletin de la société d'encouragement pour l'industrie nationale, année 1849, notre tra-

Nourriture. Du gros pain, mais en bonne qualité ; de l'eau pure et claire en quantité plus que suffisante.

Deux fois par semaine, ration de viande et de légumes, laquelle peut être diminuée d'un quart ou d'une demie, comme punition.

La nature, la quantité et la qualité des rations alimentaires sont déterminées par le règlement ; les rations sont prescrites chaque semaine, par le médecin et mentionnées sur le registre spécial des visites médicales.

La nourriture est amenée à la porte de chaque cellule pour chaque repas au moyen d'une petite voiture à bras ; elle est déposée par le guichet de la cellule, en échange de la vaisselle de la veille.

Un quart ou une demi-portion de viande ou de légumes, de deux jours l'un, comme récompense de bonne conduite, ou sur la prescription du médecin, lorsque cela sera nécessaire, pour la santé du détenu.

Retrait temporaire de cette faveur comme punition.

Les directeurs doivent veiller attentivement à ce que les rations soient complètes et conformes aux règlements, ainsi qu'aux prescriptions médicales, et surtout à ce qu'il ne soit point commis de soustractions de la part des employés subalternes.

« A cet égard, a dit Howard, les détenus ne sont

vail *sur la désinfection des matières fécales et leur conversion en engrais.*

pas toujours suffisamment protégés contre les économies intéressées des concierges, qui lésinent sur la nourriture pour en retirer un plus grand bénéfice, et même contre celles des gouvernements qui réduisent les rations, pour diminuer leurs dépenses ; et cela au détriment des besoins réels et de la santé des prisonniers.

L'habitude d'une nourriture commune est la première de celles qu'il est désirable de faire prendre aux détenus ; en un mot, il faut les accoutumer exactement à la vie sobre, frugale, régulière et honnête qu'on veut leur voir mener dans la suite, quand ils retourneront chez eux.

Emploi du temps. Les heures du lever et du coucher ; celles des repas, du travail, de l'exercice, etc., sont fixées d'après les règlements et annoncées au son de la cloche, du tambour, de la trompe, ou de tout autre manière.

Chaque jour, on accordera une heure d'exercice ou de promenade solitaire au détenu ; car, l'exercice est aussi indispensable à la santé physique qu'au moral de l'homme. Nous en avons tous senti le besoin, même quand nous sommes en liberté, dans nos maisons.

Les dimanches, les offices religieux, sont célébrés à haute voix dans l'intérieur de la prison, de manière à ce que les prisonniers, toujours renfermés et séparés, puissent entendre les chants religieux et y prendre part.

Travail. — Chaque détenu doit employer le

temps qui est consacré au travail, soit à son instruction personnelle, soit à des travaux utiles, à des ouvrages d'un débit facile, qui lui seront indiqués par l'administration, d'après ses connaissances et ses aptitudes.

Instruction, éducation morale. — L'éducation morale des prisonniers, est l'une des choses les plus nécessaires et les plus importantes ; car il s'agit d'amender et d'améliorer les coupables, de manière, à ce qu'ils soient en état d'être réintégrés dans la société le plus tôt possible.

L'éducation morale se fera, ainsi que nous l'avons déjà dit :

1° Par des lectures morales et des instructions orales, que des *employés instructeurs spéciaux* seront chargés de faire à chaque détenu en particulier.

2° En faisant écrire, apprendre ou réciter au condamné des maximes et des sentences morales (1).

3° Par des visites fréquentes du directeur, de l'aumônier, du pasteur, des personnes charitables membres des sociétés de patronage, la femme, les enfants, le père ou la mère, autorisés à cet effet, si rien ne s'oppose à leurs visites. Deux heures au

(1) Il sera facile de trouver, quand on le voudra, parmi nos auteurs philanthropes et moralistes un choix de passages très appropriés à l'éducation morale des condamnés, ainsi qu'un nombre suffisant de lecteurs ou *instructeurs* parmi les personnes honorables et peu fortunées de la localité.

En supposant *un instructeur* rétribué à 1800 fr., pour 10 détenus, la durée moyenne de la détention étant de

moins, devront être consacrées chaque jour à l'instruction des prisonniers.

L'effet de la détention solitaire, et de l'isolement, dont la durée est trop prolongée, est quelquefois si navrant, chez certains individus, que le désespoir s'empare d'eux et va jusqu'à les conduire au suicide, surtout dans les premiers temps de la captivité (1).

C'est à ces individus qu'il faut spécialement porter de fréquentes consolations; leur il faut donner l'espérance que par une bonne conduite, ils pourront abréger la durée de la punition; leur rappeler sans cesse les leçons de morale, les idées religieuses qu'ils ont reçues dans leurs familles et

6 semaines, à 2 mois, l'éducation de chacun d'eux reviendrait à 30 fr.

(1) La question des suicides à Mazas a été souvent l'objet de controverses animées; l y en a eu 61, répartis ainsi qu'il suit, par année, depuis l'installation des détenus dans cette prison.

1850	3	suicides
1851	8	
1852	5	
1853	9	
1854	5	
1855	6	
1856	3	
1857	1	
1858	4	
1859	9	
1860	1	
1861	1	
1862	2	
1863	0	
1864	2	
1865	2	
Total en seize années	61	

C'est une moyenne annuelle de 3,81 suicides pendant ces 16 années.

Ces tristes événements ont diminué depuis 1860 dans une notable proportion. L'administration a pris des précautions tendant à en restreindre le nombre (Statistique des prisons 1865, p. XCII.)

faire renaître chez eux l'espérance du retour à la vie civile, lorsqu'ils seront amendés

Le médecin devra veiller attentivement aux altérations qui pourraient survenir dans la santé des prisonniers par suite d'un mauvais régime, d'un travail forcé, ou par tout autre cause et chercher à y porter remède (1).

En cas *de maladie*, chacun des prisonniers devra être traité *séparément* dans une infirmerie ;

(1) La mortalité dans la population adulte libre de Paris est de 1 sur 40 habitants; soit 25 décès sur 1000 habitants. En 1853, époque à laquelle ont commencé les grands travaux d'aération et d'assainissement de la capitale, la moyenne des décès était de 1 sur 36 habitants; elle a été de 1 sur 28 dans le cours du siècle précédent.

En 1865 le rapport des décès dans les prisons à la population moyenne a été de 11,92 sur cent détenus.

En 1864 elle n'était que de 10,84 p. 0/0.

Dans la maison de répression de Saint-Denis, qui renferme une population moyenne de 1000 individus des deux sexes, vieillards, infirmes, vagabonds, mendiants, il y a eu en 1865, 44,33 pour 0/0 de décès.

Cette augmentation a eu, en partie, pour cause l'épidémie qui a régné cette année.

Néanmoins, on voit, par les chiffres précédents, qu'il y a encore beaucoup à faire pour l'amélioration sanitaire du régime de nos prisons.

Au reste on ne peut pas comparer la population normale de Paris avec celle des prisons, qui se compose de condamnés dont la vie entière s'est passée entre les privations et le besoin du nécessaire, ou dans la débauche et les excès en tout genre.

Statistique des prisons, 1865, page CIII.

peut-être serait-il mieux de les envoyer dans un hôpital civil, dans les salles communes, etc., sans qu'ils fussent connus, ni aucunement séparés ou distingués des autres malades civils et au même titre que ces derniers; en prenant d'ailleurs toutes les précautions convenables pour que les malades n'abusent pas de cette sorte de liberté.

C'est un acheminement vers la rentrée dans la société.

Denier de poche. Cantine. —La position de certains détenus dans les prisons départementales, cesse trop souvent d'être une peine, lorsqu'ils ont de l'argent; car les prisons, comme la société, ont leur aristocratie; et alors s'ouvrent pour eux, la *pistole*, qui leur permet d'avoir un lit pour un, deux, ou même trois, suivant leurs facultés; la *cantine*, où ils peuvent se procurer des aliments, jusqu'à l'indigestion, de la boisson jusqu'à l'ivresse, le tout, au profit des concierges des prisons.

Nous supprimons entièrement et d'une manière absolue, le denier de poche, la pistole, la cantine ou débit de vin, d'eau-de-vie, de tabac dans l'intérieur de la prison.

Le denier de poche passe aux dépenses abusives de la cantine. La suppression en est commandée impérieusement; parce que la punition infligée ne doit pas être diminuée, ni atténuée, par des faveurs spéciales; que la détention étant de courte durée, il n'y a pas grand inconvénient à ce que le détenu soit obligé à quelques privations de choses superflues; enfin parce que tous les prisonniers doivent être soumis au même régime sévère pendant la durée de la peine, qui seule, est variable.

Quant aux *prévenus*, le conseil général de la Seine a maintenu la cantine en leur faveur :

Voici la délibération qui est relative à ce sujet :

Le conseil général de la Seine, dans sa séance du 20 octobre 1837 sur cette question :

Faut-il conserver la pistole et la cantine dans les maisons d'arrêt, même avec l'adoption du régime cellulaire?

Par le motif, que le prévenu est considéré comme innocent, il doit recevoir pendant sa détention tous les adoucissements compatibles avec l'ordre et la sûreté de la maison : le Conseil

Déclare se prononcer affirmativement pour le maintien de la pistole et de la cantine à *l'égard des prévenus*; à la condition toutefois d'en régler administrativement l'exploitation.

Punitions. — Nous avons déjà fait connaître, en parlant du système d'Auburn, l'horreur que nous inspirent les punitions corporelles appliquées d'une manière barbare et arbitraire par des gardiens brutaux, inintelligents, passionnés; les punitions corporelles, doivent être bannies des pénitenciers bien dirigés; il faut agir sur le moral des détenus par la raison, les bons procédés, et non par les coups.

Howard n'admettait, pour les fautes ordinaires,

que la mise au pain et à l'eau et pour les plus graves, la solitude momentanée pendant très peu de jours, et proportionnée au délit commis.

Un des hommes les plus distingués de l'Angleterre, M. Buxton, membre du parlement, cite comme exemple de la puissance admirable d'un système de modération bien entendue, qu'il a vu la simple menace de la privation de travail, retenir dans l'ordre une prison considérable. « Elle en impose à la plupart des prisonniers, et même à 99 sur 100, » suivant la déclaration du directeur de la maison de Gand.

« J'adopte, si l'on veut, dit le marquis de Larochefoucauld-Liancourt, pour les condamnés qui se conduisent mal, l'isolement absolu et sans travail, un silence complet et sans aucune visite, en un mot, aussi dur que l'on voudra, pourvu qu'on ne le fasse pas durer d'une manière barbare. »

C'est là, en effet, ce qui attaque le physique; c'est là ce qui d'une répression morale, fait un châtiment corporel.

Mais si les punitions corporelles doivent être bannies des établissements pénitentiaires, qui ont pour objet essentiel de régénérer et d'améliorer les coupables, en est-il de même à l'égard des récidivistes et des réfractaires? de ceux sur lesquels les instructions et les bons conseils n'ont produit aucun bon effet? Ici le doute est permis.

Le récidiviste incorrigible est un être privé plus ou moins complétement du sens moral; c'est une brute; il n'y a plus dès lors que les punitions physiques qui puissent agir sur lui..... en cas d'insubordination, de fautes graves, habituelles... qu'il soit *passé aux verges*... si cela peut l'amender.

Toutefois, cette punition ne doit jamais être livrée à l'arbitraire des gardiens.

La punition corporelle, infligée au récidiviste insubordonné, doit être administrée le jour même où la faute a été commise ; ce mode de châtiment doit être prescrit et réglé, par une décision du conseil d'administration de l'établissement.

Enfin, il y a des organisations malheureuses, tellement perverses et incorrigibles que rien ne peut les détourner du penchant au mal; il faut néanmoins redoubler les efforts, et employer tous les moyens, afin de moraliser, et d'améliorer ces coupables; mais si les efforts les mieux entendus sont inutiles, il ne reste plus à la société, qu'à éloigner d'elle les réfractaires, par la déportation au loin, dans des pénitenciers agricoles, analogues à ceux dont nous avons parlé précédemment.

QUATRIÈME PARTIE.

Des moyens de prévenir les crimes et délits.

La société a le droit d'imposer à tous ses membres, l'obligation d'obéir aux lois de la morale, de respecter les conventions sociales ; mais elle a, de son côté, l'obligation de faire connaître à ses membres en quoi consistent leurs devoirs.

« Sans doute, dit V. Foucher, on ne peut qu'applaudir et concourir aux institutions qui ont pour objet de réformer les condamnés, et surtout de leur tendre une main secourable à leur rentrée dans la société ; mais, il est des institutions encore plus utiles ; ce sont celles qui ont pour objet de répandre les principes de morale et l'instruction dans les classes pauvres : les salles d'asiles, les écoles, les associations pour l'apprentissage des deux sexes. Par l'action de la charité sur les condamnés, on n'agit que sur des individus qui ont déjà rompu avec la société, et sur des cœurs qui ont déjà méconnu l'empire de la morale. Par les secours intellectuels et physiques, ou si l'on veut, par l'action de la religion et du travail, employée à l'égard des classes pauvres, on prévient cette cruelle séparation de l'homme et de la société ; on maintient l'empire que doit avoir la morale sur chacun. »

La Société doit prévenir les criminalités :

1° Par l'éducation morale et religieuse donnée à tous les citoyens, et *obligatoire* pour tous.

2° Par l'instruction élémentaire et professionnelle, qui développe l'intelligence, fournit les instruments du travail et multiplie ainsi les moyens d'existence.

3° Par la création d'institutions de prévoyance, d'économie et d'assistance mutuelle, morale et matérielle, ayant pour objet de prévenir ou d'atténuer les effets de la misère, de la maladie, des accidents, des sinistres imprévus.

A. L'un des moyens les plus propres à prévenir la criminalité, c'est d'assurer à chaque individu une instruction morale et sociale, convenable et suffisante, afin qu'il connaisse les devoirs qui lui incombent en vivant au milieu de la société civile, et la protection dont la loi couvre tous les citoyens.

Quand le développement de nos facultés n'est pas bien dirigé par l'éducation et par la morale, les instincts matériels prennent une prépondérance plus grande, au détriment des facultés d'un ordre plus relevé ; l'homme se laisse aller ; et, à la première tentation un peu forte, il devient coupable contre la société, qui lui fait subir la peine de sa faute, bien qu'elle-même soit la première coupable.

Il faut donc répandre partout, et multiplier les établissements propres à donner une éducation morale et religieuse, une instruction convenable aux populations et surtout aux enfants pauvres.

Nous entrons dans la vie avec des inclinations diverses que l'éducation et les bons exemples de la famille peuvent développer heureusement.

Mais à quels dangers n'expose pas la privation de ces avantages? Combien d'enfants négligés ou abandonnés dès le berceau, subissent, presque à leur insu, les funestes conséquences des torts qu'on a eus envers eux?...

Si leurs premiers pas dans le monde, sont marqués par une violation des lois de la société, c'est le plus souvent parce qu'ils ont ignoré ces lois.

Un certain nombre de ces êtres malheureux, fruit de la prostitution, n'a jamais su, et ne saura probablement jamais à quels parents ils doivent le jour. Un cinquième environ de ceux qui ont été l'objet de poursuites judiciaires se compose d'orphelins, et presque tous ceux qui ont une famille ont perdu leur père, un quart n'a plus de mère.

Le grand moyen de prévenir les crimes, c'est l'éducation et l'amélioration morale des classes laborieuses. Le rôle de la répression en sera considérablement facilité ; les idées de réformes seront plus accessibles à l'âme des condamnés, quand l'instruction aura pu faire pénétrer dans leur cœur, les principes de la morale. Quelque soit le régime de répression auquel on soumettra les condamnés, il ne faut pas perdre de vue que la plupart d'entre eux rentreront un jour dans la vie sociale; que c'est au profit de la société entière que l'on travaille en opérant leur réforme.

En effet, il est prouvé jusqu'à l'évidence, que le manque d'instruction et d'éducation dès l'enfance, est la cause première de la dégradation de ces êtres qui, plus tard, désoleront la société par toutes sortes d'excès.

Voici, d'après la statistique des prisons en France, pour 1865 (page LXII) quel était au 1er janvier 1864 le nombre des jeunes détenus, et le degré de leur instruction, avant leur envoi en correction.

Garçons 6,268 — Filles 1,538 — Total 7,806.

	Garçons	— Filles.	— Total
Avaient reçu une instruction supérieure à l'enseignement primaire.	17	—	17
Savaient lire et écrire . .	1,337	237	= 1,574
Savaient lire seulement. .	1,084	344	= 1,428
Ne savaient ni lire ni écrire	3.830	957	= 4,787

5,122 enfants = 65,61 pour cent, n'avaient aucune profession.

Ces chiffres démontrent : que l'incurie de la famille est la principale cause de l'incarcération des enfants; que 65 sur % n'avaient été astreints à aucun travail ; que le plus grand nombre des jeunes détenus provient des villes ; enfin que les enfants employés aux travaux agricoles sont en minime proportion.

On lit dans le journal *Les Mondes*, de janvier 1868, page 52 :

« La statistique judiciaire officielle de l'Angleterre pour 1866, donne lieu à des remarques intéressantes. Sur 124,291 individus, condamnés à l'emprisonnement, en Angleterre et dans le pays de Galles, 7, 5 p. 100 avaient moins de 16 ans; 19, 8 p. 100 avaient plus de 15 ans et moins de 21 ans; 32, 7 p. 100 plus de 20 ans et moins de 30; 19, 4 p. 100, plus de 29 ans et moins de 40; 12, 0 p. 100, plus de 39 et moins de 50; et 8,6 p. 100, 50 et au-dessus.

« On voit donc qu'un tiers des condamnés se trouvent compris dans l'âge de 21 à 30 ans. La tendance au crime se montre beaucoup moindre chez les femmes que chez les hommes. Sur 100 condamnés de 1866, on compte seulement 26 femmes. Dans le nombre total, les individus complétement illettrés, ou qui n'ont que des notions trop imparfaites de lecture et d'écriture, se trouvent dans le rapport énorme de 96, 3 pour 100. »

Si tel est le résultat de l'abandon et de l'ignorance dans lesquels on laisse croupir la plus grande partie des enfants pauvres, le devoir de la Société ne se trouve-t-il pas tracé ?

N'est-il pas évident que la Société doit s'appliquer, par dessus toutes choses, à dissiper cette nuit intellectuelle, à l'ombre de laquelle germent tant de vices et pullule tant de corruption ?...

Elle le peut, elle le doit, en donnant l'éducation et l'instruction nécessaires à ces infortunés pour les préserver des atteintes du vice.

De là par conséquent, pour la société, le devoir impérieux, obligatoire, d'instruire ses membres et de veiller à leur éducation (1).

La statistique du personnel de nos prisons révèle ce fait attristant qu'à peine 10 0/0 des individus qui y sont renfermés, ont eu connaissance de leurs devoirs antérieurement à leur condamnation ; on peut dire en quelque sorte, que la presque totalité de cette population de criminels a véritablement péché par ignorance de la loi sociale, ou n'ayant connu d'elle, que le côté répressif et jamais le côté protecteur, qui seul oblige par réciprocité, à respecter les droits, la propriété et la personne d'autrui.

En effet, voici ce que révèlent ces chiffres : Au 31 décembre 1853, il existait dans les prisons 20,643 individus ; sur ce nombre 568 seulement avaient reçu une instruction supérieure à l'enseignement primaire. Parmi les autres, 10,874 étaient complétement illettrés, 2,389 savaient lire et écrire imparfaitement. Entre ceux qui

(1) Le royaume d'Italie a une législation spéciale pour garantir la société contre les méfaits des enfants. La loi du 8 juillet 1854 (art. 18) édicte une amende et jusqu'à trois mois de prison contre les parents qui sont convaincus de négligence ou de défaut de surveillance de la conduite de leurs enfants mineurs.

Statistique des prisons, 1865. p. LXIV.

savent lire et écrire ainsi, et ceux qui sont tout à fait illettrés, il n'existe pour ainsi dire pas de différence.

Sur 20,646 criminels, plus de 20,000 ignorants !... vingt mille intelligences, vingt mille âmes qui, faute de culture première, restent en friche, sont absolument fermées à toutes les notions du juste et de l'injuste, à toute idée, à tout principe de morale!

Le compte rendu de la justice criminelle en France, de 1861 à 1865, établit que sur 22,752 individus accusés pendant cette période, il y en avait 18,759 complétement illettrés, ou ne sachant *qu'imparfaitement* lire et écrire; soit 82,5 pour cent, et que 5 sur 100 seulement, avaient reçu une instruction supérieure.

Le ministre Barthe, dans le compte rendu de la justice criminelle pour 1830, disait :

« Les condamnés pour parricides étaient *tous* illettrés. » On a vu presque le même fait, en 1835, puisque, sur douze parricides condamnés, un seul savait lire, encore n'avait-il pas reçu une éducation avancée.

Enfin, si l'on examine ce qui a lieu dans notre prison la plus considérable, Clairvaux, on voit qu'il y avait 40 0/0 de lettrés parmi les correctionnels, tandis qu'il n'y en avait que 28 0/0 parmi les criminels. Cela prouve que les attentats les plus graves contre la société sont commis en plus grand nombre par des ignorants, tandis que les délits les moins graves se font par les hommes qui ont reçu quelque instruction.

Les criminalistes, comme on le sait, distinguent deux espèces de crimes : les crimes contre les personnes et les crimes contre la propriété. Les premiers nous menacent plus directement, amènent un plus grand trouble dans l'ordre social, puisqu'ils s'attaquent, soit à la vie, soit à l'honneur des citoyens.

Les statistiques officielles démontrent que la proportion des illettrés est plus considérable parmi les accusés de crimes contre les personnes, que parmi les accusés de crimes contre la propriété.

Ainsi dans le cours de l'année 1864, sur 1,919 accusés de crimes contre les personnes, 879 ne savaient ni lire ni écrire, tandis que sur 2,333 accusés de crimes contre la propriété, 880 seulement, ne savaient ni lire ni écrire. Mais si, après avoir examiné les résultats généraux, on entre dans les détails, on trouve des chiffres plus concluants encore. Ainsi sur 32 accusés de vol avec violence sur un chemin public, 1 seul savait bien lire et bien écrire; sur 140 accusés de meurtre ou de tentative de meurtre, 13 seulement savaient bien lire et bien écrire; sur 196 accusés d'assassinat ou de tentatives d'assassinat, 22 seulement savaient bien lire et bien écrire.

Ces derniers chiffres sont éloquents; mais en voici qui parlent plus haut que tous les autres. Sur 21 parricides, 1 seul savait bien lire et bien écrire.

« Les constatations faites par les statistiques officielles démontrent de la manière la plus claire que les malfaiteurs les plus dangereux, les meurtriers, les assassins et les parricides se recrutent presque exclusivement parmi les ignorants. Ainsi *l'ignorance du peuple est un véritable danger social.* » (Jean Macé).

Le ministre de l'instruction publique, M. H. Carnot, s'appuyant sur les faits de la statistique, disait à la chambre des députés : « Les départements qui procurent le plus de satisfaction au ministère de l'instruction publique, sont ceux qui font le moins parler d'eux au ministère de la justice.... »

« Alors que l'Etat s'arroge le droit d'emprisonner, de déporter, et quelquefois même de faire mettre à mort les malfaiteurs, peut-on soutenir qu'il n'a pas à se mêler aussi de prévenir les crimes, c'est-à-dire d'instruire et d'éclairer le peuple ?...

« Lorsque l'on sonde sérieusement la question de la criminalité, on est fatalement amené à l'instruction obligatoire.

« Soyez bien assurés, dit-il, que pousser les enfants vers l'école, c'est les détourner de la prison; c'est là ce que nous disent nos statistiques avec une éloquente simplicité. »

« C'est là la source unique où notre moralité doit se retremper, où nos populations trouveront tous les sentiments qui doivent les relever, les ennoblir. Multipliez les écoles, ouvrez-les gratuitement à tous les enfants, ne craignez pas d'imposer aux pères de familles l'obligation de les y conduire, comme vous leur imposez l'obligation de les nourrir, et vous n'aurez plus autant à vous occuper des supplices et des prisons. Comment cette vérité a-t-elle tant de peine à pénétrer dans les esprits ?...

« Le célèbre Macauley a dit quelque part : « Voulez-vous voir diminuer le nombre des prisons, augmentez celui des bonnes écoles. » Je le dis avec lui, et j'y ajoute : Si vos écoles sont capables de porter les connaissances utiles dans les cabanes, et dans les sombres réduits de nos grandes villes ; si ces écoles ont pour but, avec le développement de l'intelligence, de former le cœur par une éducation chrétienne, vous pouvez espérer qu'en augmentant le nombre des instituteurs, vous serez en état de diminuer celui des guichetiers. Bientôt vous vous apercevrez des résultats ; vous verrez diminuer cette population de nos prisons, dont la vie ne se compose que d'une alternative perpétuelle, d'une liberté de quelques semaines et d'une nouvelle récidive suivie d'un séjour plus prolongé derrière les verroux. . . . .

« Donner la main à ces malheureux, les tirer de la fange physique et morale où ils croupissent dès leur bas âge ; donner une direction salutaire au développement de ces facultés que le père céleste leur a départies comme aux plus fortunés ; voilà de la charité chrétienne. »

A tous les faits incontestables, révélés par les

statistiques criminelles, aux autorités imposantes que nous avons invoquées, nous ajouterons les mémorables paroles, prononcées sur le même sujet, à la chambre des députés, par notre honorable ami H. Boulay de la Meurthe. Les devoirs de l'Etat et de la société y sont tracés en caractères de feu; tant que la société en détournera les regards, qu'elle les laissera inaccomplis, le mal subsistera ; il empirera et envahira de plus en plus le corps social.

« Messieurs, disait-il, faites une éducation morale et religieuse ; faites d'honnêtes gens ; élevez loyalement les enfants dans le culte de leurs pères et vous opérerez une économie, sur ce que j'appellerai le budjet répressif, c'est-à-dire celui qui est destiné à payer les polices, les gendarmes, les juridictions criminelles, les prisons, et les bourreaux.

« Et savez-vous à combien se monte ce budjet répressif?.., il se monte à plus de 60 millions par an. Oui, vous dépensez plus de 60 millions en moyens répressifs de toutes sortes !...

« Telle est la loi divine, que toute faute contre la morale est en même temps une faute contre la prudence. Vous avez péché contre l'ordre éternel, et la société en porte la peine; vous vous plaignez du désordre dans lequels vivent certaines classes, avec leur mépris de tout devoir de famille, l'insouciance de tout état civil !.., mais où et quand leur avez-vous appris la vie sociale, la formation de la famille, les soins apportés par la loi à sa conservation ?...

« La famille exerce sur l'éducation une influence immense, presque toujours décisive, d'autant plus puissante, qu'elle est généralement ignorée.

« La famille, c'est la source des premières impressions, c'est-à-dire de celles qui tout à la fois se gravent le plus facilement et le plus profondément dans l'âme; le plus facilement, parceque l'âme, apte à percevoir, n'a encore rien perçu; le plus profondément, parceque ces impressions se répètent sans cesse dans la sphère étroite où se meut la famille . . . .

« Déjà, nous le savons, la famille est en soi une école, la première et peut-être la plus puissante de toutes.

« Heureux l'enfant à qui le ciel a fait don d'un vertueux père, à qui la maison natale n'a jamais offert que de bons exemples, et qui a eu cet inexprimable bonheur, d'apporter au collège un esprit sain et un cœur honnête; celui-là a bien des chances pour primer ses condisciples, et plus tard, ses concitoyens, dans sa conduite, dans ses succès, dans leur propre affection, dans l'estime publique. »

« Citoyens, prenez confiance, mères, rassurez-vous, la famille ne périra pas, et Dieu n'aura pas tort.

Après cette courte digression, dans le champ de la famille, l'orateur, revenant à son sujet, continue en ces termes :

« Et vous vous irritez, si, poursuivant quelque avantage réel ou imaginaire, les classes inférieures recourent à la violence, aux coalitions, si elles usent leurs forces et leurs ressources en chômages répétés, en intempérances, en oubli de l'avenir; vous vous récriez contre cet esprit de méfiance, de crainte, d'inimitié, qui soulève les classes les plus infimes contre l'état social... mais, votre organisation sociale, l'avez-vous donc expliquée à ce peuple dès son enfance? L'avez-vous convaincu de tout ce qui s'y trouve de juste, de protecteur, de miséricordieux? . . . .

« Vous gémissez du peu d'autorité morale qu'exercent sur elles la loi et le magistrat! mais, de grâce, comment seraient-elles portées d'elles-mes à obéir à l'une et à l'autre, lorsque vous les avez toujours laissées dans l'ignorance de ce que c'est que la loi, son élaboration, sa nécessité, sa toute puissance, de ce qu'est le magistrat, la nature, la source et le but de son pouvoir?

« Vous vous irritez si, le peuple, poursuivant la conquête d'un droit réel ou fictif, a recours aux attroupements, à l'émeute! mais, quand lui avez-vous fait connaître qu'il est des voies légales et pacifiques de réclamations? Quand lui avez-vous fait toucher du doigt ce germe fécond de progrès contenu dans nos institutions et qui doit fructifier sous l'influence de l'étude, de l'expérience et du temps?.. Quand lui avez-vous enseigné l'importance morale, politique et économique de l'ordre? Quand lui avez-vous démontré que l'ordre d'ailleurs, repose en France sur des intérêts généraux, sur des fondements inébranlables, et que s'il y a crime à entreprendre de le troubler, il y a encore plus de démence à cette entreprise.

« Vous le prenez en pitié, lorsque oublieux de son avenir, vous le voyez faire abus de ses forces, de ses ressources, en chômages, en grèves désastreuses!

« Mais, votre pitié serait moins dédaigneuse, si vous disiez que cet état de choses aurait bien pu cesser, le jour où par un enseignement économique, vous lui auriez prouvé de bonne heure, la valeur du travail, de la société, de la prévoyance, de l'épargne ; si vous lui aviez appris que les machines, les moulins et les instruments, en perfectionnant le travail, permettent de vivre, de s'habiller et de se parer à meilleur marché.

« Le peuple, s'il avait été instruit de ses devoirs, de ses droits, de ses vrais intérêts, n'eût pas servi tout récemment encore d'instrument aveugle à ces factieux qui profitent de son ignorance, qui ont pu le séduire par de vaines et odieuses promesses pour le précipiter dans des désordres qui ne lui sont pas moins fatals à lui-même, qu'à la société tout entière . . . . .

« Adoucir les mœurs, répandre à pleines mains l'instruction primaire, voilà le vrai moyen de supprimer le crime. C'est la société qui est responsable des fautes de celui qu'elle a négligé d'instruire.

Ceux qui gouvernent, et qui songent tant à leurs prisons, devraient songer pour le moins autant à leurs écoles. » . . . .

B. A la suite et à côté de l'ignorance viennent se placer le paupérisme et la misère, ces deux grandes sources de criminalité, qui peuvent être considérablement atténuées par des mesures d'économie sociale, sages et bien entendues, ayant pour objet de favoriser le développement, l'amélioration, le bon emploi des facultés physiques, intellectuelles et morales des individus ; de les associer, de les solidariser, pour les faire concourir mutuellement au bien-être commun et prévenir la misère, le paupérisme et leurs suites funestes :

1° Par l'éducation et l'instruction des masses ;

2° Par l'organisation du travail ;

3° Par les Institutions et les associations qui ont pour objet de favoriser et de généraliser l'épargne, l'économie, la prévoyance ; de diminuer les dépenses ; de procurer la vie à bon marché ; par l'*association*, la *mutualité*, par la *solidarité* en un mot, par l'assistance mutuelle.

L'*éducation morale*, en faisant connaître aux hommes, leurs devoirs envers eux-mêmes et envers les autres, aura pour effet de diminuer l'inconduite, les désordres, et par suite les pertes matérielles et souvent les crimes qui sont les conséquences de ces égarements : les vols, les attentats contre la personne ou la propriété d'autrui.

L'*instruction professionnelle* ouvrirait des voies nouvelles aux individus peu favorisés par la fortune, leur offrirait de nouveaux moyens d'existence et d'accroissement de leurs ressources.

Enfin, une bonne *organisation du travail* aurait pour effet de procurer et d'*assurer*, à *tous* les individus valides, un emploi utile et lucratif de leurs forces et de leurs aptitudes.

Combien de fois n'arrive-t-il pas aujourd'hui, de chercher des ouvriers, des serviteurs, des employés, etc., sans pouvoir les trouver, tandis que ceux-ci, cherchent vainement de leur côté, de l'ouvrage ou un emploi ? Il est urgent d'organiser *officiellement* un *service public* de *placement*, qui fasse connaître à tous ceux qui en ont besoin, les offres et les demandes de travail.

Il faut donner aux nécessiteux du travail qui les occupe et les utilise, au lieu de leur faire des aumônes, qui les avilissent et les humilient.

L'aumône est une perte sèche ou improductive; tandis que les avances faites au travail occupent utilement les nécessiteux, au lieu de les laisser dans l'oisivité ; elles contribuent ainsi à augmenter la production générale, et par conséquent la fortune publique.

Le produit du travail, si minime qu'on le suppose, représente toujours une valeur quelconque plus ou moins importante.

Dans notre opinion, ce sont les aumônes, les charités, la taxe des pauvres, qui entretiennent la fainéantise, qui créent la misère en dégradant l'homme, en le rendant insouciant et imprévoyant pour son avenir.

L'économie politique a depuis longtemps démontré l'impuissance de l'assistance publique et privée en face du paupérisme.

C'est donc par le *travail* et l'*épargne seuls* qu'il faut chercher à le détruire ou à le diminuer.

C'est le pauvre lui-même, c'est l'ouvrier qui, *seuls*, peuvent assurer leurs moyens d'existence et leur bien-être, au moyen du travail.

Mais il faut pour cela que le *travail* soit convenablement *organisé*; qu'on *impose* à tous l'*obligation* de l'économie et de la prévoyance; que l'on mette à profit les immenses ressources que doivent produire les *associations*, et la *mutualité*, appliquées au présent comme à l'avenir.

Une bonne organisation du travail saura bientôt trouver les moyens d'atténuer les effets d'une crise commerciale, du chomage, suites d'un manque de récolte, d'une guerre à l'étranger, sans qu'il soit besoin d'avoir recours à la charité publique; nous en citerons un exemple :

Dans une ville de Hollande, à une époque où une partie de la population ouvrière était menacée d'un chomage désastreux, suite d'une crise commerciale, où les habitants commençaient à venir en foule se faire inscrire aux bureaux de charité dont les ressources étaient à peine suffisantes, pour soutenir quelques familles, on eut l'heureuse idée de faire un appel de fonds, un emprunt aux personnes généreuses, afin de mettre les ouvriers indigents à même de continuer leur travail.

Au lieu de faire l'aumône, on acheta des matières premières, en gros et à des prix avantageux, on les distribua aux ouvriers, on donna du travail à tous ceux qui en demandèrent, à un taux encore rémunérateur.

On employa ainsi une somme de 180,000 francs, qui donna du travail à 2 ou 300 familles, pendant quatre mois.

L'hiver et la crise passés, les marchandises fabriquées, étoffes, dentelles, broderies, meubles, chaussures, etc., furent vendues au cours ordinaire ; les fonds empruntés furent remboursés aux prêteurs avec les intérêts ; et, la ville, sans avoir dépensé un sol, a pu fournir du travail à sa population, qui traversa sans souffrir, une période critique fort difficile ; il y a plus, le bureau de bienfaisance, encaissa un boni de plusieurs centaines de francs, provenant des bénéfices de cette opération si heureusement organisée.

C. On obtiendra la *vie à bon marché*.

1° Par une bonne direction et des encouragements donnés avec discernement à l'agriculture, dans le but d'augmenter la production économique des denrées alimentaires, les plus nécessaires à la vie commune.

2° Par la suppression des octrois, la diminution des frais de transports, exagérés par le monopole des compagnies, la réduction des impôts indirects, qui pèsent principalement sur les classes ouvrières et nécessiteuses.

3° Par les associations de consommation, qui remplaceront avantageusement ces intermédiaires parasites et indélicats, qui trompent tout à la fois sur les prix, la quantité et la qualité des marchandises.

La *vie à bon marché*, en diminuant les dépenses des familles pauvres, contribuera nécessairement à faire diminuer le nombre des crimes et délits qui ont la misère pour cause ou pour prétexte.

D. *Institutions d'économie, d'assistance mutuelle, de prévoyance*, etc. (1).

Deux sortes d'institutions sont destinées à combattre le paupérisme ; les unes se trouvant face à face avec le mal lui-même, donnent la nourriture à celui qui a faim, des vêtements à celui qui n'est pas couvert, du bois à celui qui a froid, et quelquefois même, un appui permanent à ceux que l'âge et les infirmités laissent sans aucune res-

(1) Cette partie de notre travail est le résumé d'un ouvrage que nous espérons publier prochainement, sous le titre : *De l'extinction du paupérisme par l'association et les institutions de prévoyance.*

source. Ce sont les institutions charitables proprement dites.

Les bureaux de bienfaisance, les hôpitaux, les hospices en sont les types principaux.

Les autres institutions ont pour objet de prévenir le mal que les œuvres de bienfaisance essaient d'atténuer; ce sont les institutions de *prévoyance*, au nombre desquelles se trouvent les caisses d'épargne, les sociétés de secours mutuels, la caisse des retraites, les associations coopératives.

Si les institutions de prévoyance étaient parvenues à leur développement complet; si elles étaient rendues accessibles aux populations ouvrières des villes et des campagnes ; si elles étaient comprises et appréciées par toutes les classes de la société, elles auraient pour effet nécessaire de réduire notablement les charges de la charité publique et privée, en même temps qu'elles produiraient les plus heureux résultats, sous le rapport moral.

Nous avons dit précédemment que l'aumône est improductive, qu'elle crée ou entretient la misère et la fainéantise; qu'il faut y substituer le travail, lequel produit au moins quelque chose, en échange des secours donnés aux indigents.

Il faut à *tout prix empêcher et prevenir* la misère à l'aide du travail, plutôt que de la faire naître ou de l'entretenir par les charités!..

On peut y parvenir au moyen d'une bonne organisation du travail, de la vie à bon marché, des institutions propres à favoriser l'épargne, l'éco-

10

nomie, par l'assistance mutuelle, pour le présent, et surtout par la *prévoyance* pour l'avenir.

La prévoyance sociale doit s'emparer de l'homme dès le moment de sa naissance, et même avant ; veiller sur lui, le diriger, l'éduquer de manière à en faire un homme sain, honnête, et utile à son pays, au lieu de lui être à charge.

Ainsi, des mesures d'hygiène et de salubrité publique bien ordonnées, contribueront à rendre les hommes plus sains et plus valides; elles préviendront l'invasion et le progrès des épidémies, des épizooties, diminueront les ravages et la gravité des maladies contagieuses, les pertes de toutes sortes, et la misère qui en sont la suite ; la ruine des familles, l'abandon des enfants naturels, etc.

Les conseils d'hygiène, les dispensaires, les lazarets, les hôpitaux, la vaccine, la gymnastique, sont au premier rang parmi les établissements et les institutions hygiéniques, dont nous parlons.

Les sociétés de secours mutuels sont à la fois des institutions de prévoyance et d'assistance; elles sont formées d'associés qui versent chaque mois à la caisse de l'association, une cotisation dans le but d'assurer aux membres qui les composent des secours en cas de maladie ou d'accident; les visites du médecin, les médicaments et quelquefois des subsides en argent pour eux et leurs familles.

Ces cotisations sont prélevées sur le salaire et les économies des associés.

Les sociétés de secours mutuels ont pris depuis le décret du 26 mars 1852 une importance considérable.

Au 31 décembre 1864, on comptait en France, 5,027 sociétés de secours mutuels, contenant 714,545 membres, dont 97,036, femmes. L'avoir total s'élevait à 36,624,622 francs.

Malgré le prix minime auquel est fixé généralement le taux des cotisations, les fonds de réserve des sociétés de secours mutuels devaient s'élever à la fin de 1867, à près de cinquante millions de francs.

Un fait qui est très remarquable, c'est que dans toutes les sociétés de secours mutuels, le montant des cotisations des membres participants, quoique très faible (1 franc par mois ou 12 francs par an), a suffi et au-delà, grâces au désintéressement et à l'abnégation des médecins, (dont on a peut-être abusé,) pour subvenir aux frais de maladies, aux frais funéraires et aux secours accordés aux veuves et aux orphelins.

La moyenne de la dépense, par tête, s'établit de la manière suivante :

Indemnité de 1 fr., par jour de maladie, (4 jours, 90 centièmes)	4 90
Honoraires des médecins	1 80
Médicaments.	2 05
Frais funéraires.	» 50
Secours à la veuve et aux orphelins . .	» 25
	9 50

On évalue les frais de l'administration et
les dépenses générales à 1 fr., par tête . 1 »
Reste à mettre en réserve 1 50
12 »

En 1864 (1) la moyenne des journées qui ont été payées à chaque homme malade a été de 19,58, et de 17, 76 pour chaque malade chez les femmes.

Sur cent sociétaires, la proportion des malades a été de 27 °/₀ = 26,94 pour les hommes et 27,15 pour les femmes.

Le nombre moyen de journées de maladies, pris dans son ensemble, par rapport à chaque sociétaire, a été de 5 jours 20 centièmes (1864).

Le nombre des décès a été de 1,36 pour cent sociétaires.

Les recettes pour cette même année se sont élevées à. . . . . 11,613,096 fr. 49

Les dépenses à. 9,401,808 78

L'avoir des sociétés approuvées s'est augmenté d'une somme de . . . . 2,112,489 fr.

L'un des résultats les plus importants obtenus par les associations de secours mutuels, c'est que la maladie, qui est l'une des principales causes de la misère et de l'indigence, se trouve paralysée dès l'origine.

En effet, les personnes qui s'occupent des questions d'assistance publique, s'accordent à

(1) *L'Association* — 1865, page 435.

reconnaître que si l'on dressait une statistique générale des causes du paupérisme, on trouverait que les maladies y figurent pour une proportion considérable.

Selon M. de Watteville « le moyen le plus efficace pour améliorer la condition des ouvriers est celui qui repose sur le développement des sociétés de secours mutuels. »

« Aucune autre institution, dit M. V. Robert, n'est susceptible de produire des résultats aussi remarquables, tout à la fois dans l'ordre moral et dans l'ordre matériel. »

Les sociétés de secours mutuels sont un moyen de moralisation, tout aussi bien que de soulagement et d'assistance; en effet, les avantages des associations de secours mutuels ne doivent pas être mis à la disposition de l'homme débauché, de l'ivrogne, comme à celle de l'ouvrier laborieux et honnête ; la qualité de membre d'une société de secours mutuels est une présomption de bonne conduite, et cette recommandation n'est point accordée à ceux qui n'en sont pas dignes.

Les articles 6 et 8 des statuts portent : que pour être admis dans les sociétés de secours mutuels, il faut avoir une conduite régulière, et que l'exclusion sera prononcée en assemblée générale contre les sociétaires dont *la conduite est déréglée et notoirement scandaleuse.*

Les *caisses d'épargne* sont des établissements

publics, destinés à recevoir et faire fructifier les petites économies qui leur sont confiées par les cultivateurs, les ouvriers, artisans, domestiques et autres personnes vivant de leurs industries.

En admettant les plus petites épargnes, cette institution accoutume la classe ouvrière à une sage prévoyance de l'avenir; elle l'encourage au travail et la détourne de l'oisiveté; elle tend à diminuer la mendicité, cette plaie honteuse de la civilisation, ce fléau de la société; elle étend dans toutes les classes le sentiment de l'ordre et de l'économie, et contribue ainsi d'une manière efficace, au maintien des bonnes mœurs et à l'accomplissement des lois.

De plus, en attirant à elle, pour les faire fructifier, les plus petites sommes, qui, sans cela seraient restées improductives dans la poche du déposant, ou qui peut-être, auraient été dépensées en choses inutiles et superflues, au cabaret, la caisse les économise et les restitue ensuite, augmentées, doublées quelquefois par les intérêts qu'elles ont produits; car la caisse d'épargnes tient compte à chaque déposant, non-seulement de l'intérêt simple, mais encore de l'intérêt des intérêts qu'elle capitalise tous les six mois.

Il n'y a pas de profession, si ingrate qu'elle soit, où avec de l'ordre, de l'économie et de la persévérance, on ne puisse mettre à profit, les bienfaits de la caisse d'épargnes.

Le plus chétif ouvrier, le domestique le plus misérablement gagé, peut mettre de côté 1 franc par semaine ou tout au moins par quinzaine; lesquelles sommes, jointes aux intérêts qu'elles produiront, feront après 20, 30 ans, un capital assez considérable, suffisant pour leur procurer de quoi vivre, lorsqu'ils seront parvenus à un âge avancé.

Les sommes déposées à la caisse d'épargnes, s'élèvent aujourd'hui à 300 millions, versés par plus de un million de déposants.

Si l'épargne et la prévoyance étaient rendues obligatoires pour tous; si au moyen de retenues sur les salaires, ou d'un impôt spécial, chacun était obligé à mettre en réserve une partie de son superflu actuel, afin de s'assurer des moyens d'existence et des ressources pour l'avenir, pour l'époque de la vieillesse, en cas de maladies, de sinistres, l'assistance publique ne tarderait pas à être remplacée par la prévoyance individuelle.

Un ouvrier qui retrancherait de sa dépense 1 franc par semaine, pour le déposer à la caisse d'épargnes ou ailleurs, à 5 0/0, serait possesseur au bout de 30 ans, de 3,582 francs ; il n'aurait déboursé que 1560 francs; et les intérêts de ce placement s'élèveraient à 2,022 francs 14 centimes.

Si l'ouvrier parisien économisait les trois francs qu'il dépense les lundis; s'il les déposait à la caisse d'épargnes, il aurait au bout de 30 ans un capital de 10,746 francs, qui suffirait à l'établissement d'un atelier ou à la dot d'un de ses enfants.

Un versement de 5 francs par mois, fait en faveur d'un enfant, produirait à sa 21e année un capital de 1,283 francs 85 centimes.

La caisse des retraites pour la vieillesse, fondée par la loi du 18 juin 1850, réorganisée par celle du 28 mai 1853, a pour but de constituer à un âge déterminé, au profit de personnes ayant fait un ou plusieurs versements, *une rente viagère*, calculée d'après le montant de ces versements.

L'établissement est placé sous la garantie de l'État, et régi par la caisse des dépôts et consignations.

Les déposants ont le choix entre deux natures de rentes viagères : les unes avec abandon immédiat du capital, les autres avec remboursement du capital à leurs ayant droit, au moment du décès. Les rentes au capital aliéné sont nécessairement plus élevées proportionnellement que celles à capital réservé.

La caisse des retraites pour la vieillesse a commencé ses opérations en 1851. En 1858, elle avait reçu 296,239 versements, s'élevant ensemble à 51,658,815 francs, dont 25,098,662 francs à capital aliéné et 26,560,152, à capital réservé (1).

En résumé, au moyen de la caisse des retraites, un homme valide peut, s'il veut faire une économie sur les produits de son travail, se préparer de ses propres mains, un avenir tranquille et assuré, et mettre ses vieux jours à l'abri du besoin.

L'épargne d'abord, l'association ensuite.

(1) M. Block. *Statistique de la France*, T. 1-321.

Une association, dit Alex. Delaborde, est un individu composé de toutes les volontés, de tous les moyens, et qui a dans un pays l'influence de toutes les situations.

L'association du travail, avec l'intelligence et le capital, est l'agent le plus fécond de la civilisation et du progrès sous toutes les formes.

Sans l'association du capital, de l'intelligence et du travail, comment aurait-on pu créer ces immenses lignes de chemin de fer, creuser des canaux, élever des monuments, bâtir des villes?

La fortune d'un seul individu, quelque riche qu'on le suppose, n'aurait pu suffire à créer ces magnifiques et gigantesques ouvrages, tandis que 2 ou 300 mille actionnaires, en s'associant, obtiennent ces résultats avec la plus grande facilité, et cela sans risquer leur fortune, en engageant seulement une légère partie de leur superflu.

La *mutualité* est une *association morale* basée sur le principe :

Tous pour chacun, et chacun pour tous.

La mutualité universelle, c'est-à-dire l'association, la solidarisation de toutes les forces individuelles, physiques, morales et intellectuelles, peut être appliquée à toutes les situations, à tous les besoins de l'humanité, pour concourir simultanément au bien-être de tous en général, et de chacun en particulier.

C'est le levier qui soulevera et régénérera le monde.

Il y a cinq sortes principales d'associations :

1° Associations d'*assistance* et de *secours mutuels* ;

2° Associations de *production* ou *coopératives* ;

3° Associations de *consommation* ;

4° Associations de *crédit* ou de *garantie* mutuelle ;

5° Associations de *prévoyance*.

1° Par les associations d'*assistance* et de *secours mutuels*, les associés reçoivent à prix réduits les soins du médecin, les médicaments, et des subsides, en cas de maladie.

2° Par les associations de *production*, les co-associés créent des ateliers de travail, vendent leurs produits et ont pour eux la *totalité des bénéfices*.

3° Par les associations de *consommation*, les actionnaires achètent en gros, et se procurent à *prix coûtant*, les denrées d'approvisionnements dont ils ont besoin.

4° Par les associations de *crédit mutuel*, ils réunissent leurs capitaux disponibles, les prêtent et les font fructifier.

5° Par les associations de *prévoyance*, ils mettent en réserve des ressources pour l'avenir et contre les accidents prévus ou imprévus.

Mais ce qu'il importe beaucoup de remarquer, c'est que, pour créer des associations utiles, il ne suffit pas de réunir un *capital social*; il faut, avant tout, constituer un *capital moral* et *intellectuel*. C'est là le côté important de l'institution, au point de vue de la question qui nous occupe plus particulièrement, de la criminalité.

L'association sera l'un des remèdes les plus efficaces contre le paupérisme, et surtout contre la mendicité qui dégrade et avilit l'homme.

Les associations peuvent beaucoup plus que l'État lui-même pour soulager la misère.

Si puissant qu'on suppose l'État, il ne pourrait jamais rendre les services que rendent les associations de secours mutuels, en venant en aide à ceux de leurs membres que frappe la maladie ou le chômage.

2° Les associations *coopératives* auront pour effet de produire :

1° L'organisation du travail ;

2° L'épargne ;

3° L'aisance par l'économie et le crédit ;

4° La prévoyance pour l'avenir et l'assistance mutuelle ;

5° Et finalement la moralisation des individus.

Par l'effet de l'association coopérative du travail, l'ouvrier, de simple salarié qu'il était, étranger en quelque sorte aux succès de l'établissement où il est employé, aux progrès de l'industrie qui le fait vivre, aux luttes de la concurrence, etc., devient d'abord, participant et intéressé dans les bénéfices de l'entreprise ; puis en y engageant une partie de son salaire et des retenues auxquelles il se soumet volontiers, il devient insensiblement, et par la seule force des choses, co-associé, co-propriétaire de l'établissement même, dans lequel il est employé. Il est tout à la fois, travailleur intéressé, patron, commanditaire et capitaliste.

Comme ses économies sont engagées, immobilisées, pour ainsi dire, il ne peut plus les dissiper, ni les dépenser mal à propos, à sa volonté ; comme elles s'accroissent et s'accumulent, chaque jour, par les retenues, qu'elles s'augmentent par les bénéfices de l'entreprise, le co-associé devient bientôt un patron, un propriétaire, un capitaliste en état de suffire à ses besoins ; il n'a plus à redouter l'indigence.

Le travailleur qui fait partie d'une association de production est affranchi. En travaillant pour l'association, c'est pour lui qu'il travaille ; son intérêt individuel est identifié avec l'intérêt collectif de l'entreprise. Étant à la fois, capitaliste et travailleur, il n'y a plus d'antagonisme entre le capital et le travail, puisque tous deux se trouvent réunis dans les mêmes mains.

L'ouvrier associé devient ainsi un véritable citoyen, un homme libre, connaissant ses droits, mais aussi sachant qu'il a des devoirs à remplir, et disposé à le faire.

Il n'était qu'une machine, un enfant ; il devient un individu, un homme.

Il est libre ; mais en même temps, il devient responsable, et il le comprend.

L'ouvrier apprend de cette manière à connaître

lui-même, et à régler la part qui doit être faite à chacun des deux principaux agents de la production : le capital et le travail.

La participation des ouvriers intéressés dans une entreprise industrielle, est une garantie d'ordre public et de sécurité, que les gouvernements devraient s'empresser d'accueillir et de favoriser de tout leur pouvoir.

Nulle crainte que des ouvriers copropriétaires de machines, de filatures ou de presses, etc., consentent à les briser, et à détruire l'atelier où elles fonctionnent.

Le capital formé par les économies des travailleurs sera utilisé d'une manière profitable pour eux, par l'achat des outils, des matières premières, de tout le matériel dont ils ont besoin pour exercer leur profession.

Associant leurs petits capitaux, remplaçant les grosses sommes par le grand nombre de bras et de volontés, les travailleurs formeront, eux aussi, des compagnies puissantes pour la production en commun. La conduite des affaires de la maison, la police de l'atelier, la bonne exécution du travail, leur enseigneront ce que valent le bon ordre et une bonne administration ; les bénéfices sociaux leur appartiendront en totalité.

Ce seront d'abord, seulement, les travailleurs les plus intelligents, les plus rangés, les plus économes, qui constitueront des associations de production. On verra ensuite des patrons attribuer aux bons ouvriers qui travaillent dans leurs ateliers, une part d'associés dans les bénéfices. Directement ou indirectement, les associations de production feront beaucoup pour l'amélioration générale des travailleurs, à la condition toutefois, d'être bien composées et bien administrées.

Les associations coopératives sont, non-seulement un moyen de diminuer la misère et le paupérisme, ainsi que la criminalité, qui en est la suite, mais encore elles devront être un instrument moralisateur des plus puissants, par la bonne direction qui leur sera imprimée et par l'influence améliorante qu'elles exerceront sur les co-associés; car, une des conditions de succès des associations coopératives, c'est qu'elles doivent choisir avec soin leurs membres, et les recruter parmi les ouvriers honnêtes et habiles:

En résumé, les associations coopératives seront tout à la fois, un excellent instrument d'amélioration morale, intellectuelle et matérielle; les ouvriers apprendront ainsi à faire leurs propres affaires, et à ne compter que sur eux-mêmes.

Elles produiront, entre autres résultats moraux, ceux d'élever la dignité de l'ouvrier, d'accroître son instruction et sa valeur personnelle, ainsi que son utilité sociale.

3° Les *associations de consommation* ont pour objet de fournir aux co-associés, les choses nécessaires à la vie, en bonne qualité et au meilleur prix possible ; en deux mots : *la vie confortable et à bon marché*.

Elles introduiront des habitudes d'économie, de régularité, de bonne harmonie dans les ménages pauvres, en faisant participer la famille tout entière, aux avantages de l'institution, tant sous le rapport de l'hygiène que sous celui de la diminution du prix des objets de consommation.

Un simple commis, un employé comptable, est chargé de faire chaque semaine la livraison des marchandises et objets de consommation nécessaires au ménage de l'associé.

Les payements sont faits au moyen des fonds versés à l'avance, par l'associé, à son crédit.

Les achats ont lieu, chez les producteurs mêmes, en gros, et par conséquent à des conditions de prix avantageuses, par les membres de la commission administrative, à ce connaissants.

Les prix de détail sont fixés au taux ordinaire du commerce ; et à la fin de l'année, chaque associé reçoit sa quote part dans les bénéfices, ce qui diminue d'autant, le chiffre de sa dépense personnelle. (De 10 à 25 p. 0/0.)

Les sociétés de *consommation* ont pris naissance en Angleterre.

La première tentative qui ait réellement réussi, est celle des *pionniers équitables* de Rochdale. En 1844, douze malheureux tisserands recueillaient, au moyen de cotisations de 31 centimes par semaine, la somme nécessaire pour acheter en commun un sac de farine, qu'ils se revendaient à eux-mêmes pour leur consommation particulière. Les cotisations venant toujours accroître le fonds social, d'autres achats avaient lieu, et la revente s'opérait de la même façon ; les associés se réservant ainsi les bénéfices réalisés ordinairement par le marchand intermédiaire. Par une sage disposition de prévoyance, les *pionniers* vendaient au prix courant et ne remettaient à l'acheteur le bénéfice réalisé par lui, qu'en bloc, après l'inventaire sémestriel : ils étaient certains, ainsi, de ne jamais distribuer que des bénéfices réellement acquis. Peu à peu l'association grandit : elle s'est accrue à ce point que les derniers renseignements portent le capital à plus d'un million de francs, et le nombre des membres de la société à quatre mille.

Voici, comment fonctionne le mécanisme des sociétés de consommation qui semblent le mieux organisées (1).

« Des souscripteurs montent un magasin à la tête duquel ils mettent un gérant.

Le magasin se fournit autant que possible chez les producteurs eux-mêmes et en bonne qualité.

Il vend à tout le monde indistinctement, mais plus spécialement aux sociétaires, clientèle compacte, qui doit assurer le succès de l'entreprise.

Les associés ne sont astreints que par leur propre intérêt à se pourvoir dans leur établissement,

(1) *L'Association*, août 1865.

dont le premier avantage est de vendre au poids sincère des marchandises de bonne et vraie qualité.

Le débit se fait aux prix courants du marché. Loin de s'engager dans des spéculations de vente au-dessous du cours, l'association doit tendre à relever le prix des articles dits sacrifiés, afin d'éviter toute perte.

La vente se fait au même prix pour les associés et les non-associés. Elle a lieu rigoureusement au comptant ; mais l'acheteur peut payer en chèques ou en mandats à vue sur une banque de crédit mutuel ou sur un établissement financier agréé par l'association.

A la fin de l'exercice, les comptes sont réglés. L'excédant des recettes sur les dépenses de toute nature constitue le bénéfice qui est acquis aux sociétaires. Ils y participent en proportion de leur commandite et de leurs achats, mais en laissant au gérant et aux employés, une part équitable pour leur travail.

Tel est le mécanisme bien simple de plusieurs sociétés de consommation. »

L'association de consommation réduit au minimum les frais que prélèvent les intermédiaires; elle met en rapport direct le producteur et le consommateur ; elle simplifie l'organisme commercial, de façon à obtenir la plus grande somme de résultats utiles. Mais elle ne se contente pas de simplifier le commerce ; elle le moralise : créée et régie par les consommateurs, dans leur propre intérêt, elle vend à poids sincère des marchandises de qualité vraie. Elle vend au prix courant, c'est-à-dire, au même prix que le marchand voisin, de sorte que l'acheteur ne reçoit pas immédiatement la différence entre le prix de gros et le prix de détail. Cette différence n'est remise qu'en bloc. après l'inventaire semestriel ou annuel : elle forme ainsi une épargne, s'accroissant insensiblement, sans privations pour celui qui la réalise. De la sorte le capital se créera entre les mains du consommateur d'autant plus rapidement, serions-nous tenté de dire, que les consommations sont plus importantes.

Ainsi, quand elles restent dans les conditions ordinaires du commerce, les sociétés de consommation, par une sorte d'impôt indirect, économisent, sou par sou, l'argent de l'associé, et le lui rendent à la fin de l'année en une somme respectable, accrue des bénéfices commerciaux et des économies qu'elles ont faites pour son compte.

De ce qui précède, il résulte que les associations de crédit mutuel et de consommation arrivent toutes deux à ce résultat de constituer progressivement le capital. L'association de producduction vient ensuite donner au capital un emploi, lui offrir un placement.

4· *Associations de crédit mutuel.* Il ne suffit pas aux travailleurs d'avoir pendant les jours de crise ou de maladie, la certitude d'une indemnité pécuniaire, qu'ils ne doivent qu'à eux-mêmes; il faut qu'ils puissent développer librement leurs aptitudes professionnelles.

Pour obtenir les résultats dont nous venons de parler, il est indispensable que les divers associés aient à leur disposition un certain capital avec lequel ils compléteront leur outillage ou achèteront, en temps opportun, les matières premières dont ils ont besoin.

Ce capital ne peut pas leur être fourni par l'État ; car ce serait du *communisme* ; ni par la banque de France, ni par le Comptoir d'escompte, ni par le crédit mobilier, etc.

Ces établissements ne prêtent qu'aux riches....; mais au moyen de la *mutualité*, les pauvres prêtent aux pauvres. Il suffit pour cela qu'ils instituent entre eux, des sociétés de *crédit mutuel*, comme ils ont institué des sociétés de secours mutuels.

Les *Institutions* de *crédit au travail*, de *crédit populaire*, ont pour but de donner à l'ouvrier honnête et laborieux le crédit, c'est-à-dire un capital suffisant, pour qu'il puisse se procurer les instruments et les matériaux du travail.

Elles transmettent aux classes inférieures de la société les avantages du crédit, dont jouissent auprès des banquiers, les marchands et les fabricants d'un ordre plus élevé.

Grâce au principe de solidarité, aux garanties qu'il donne, aux qualités morales dont il est la preuve, le papier que les banques de crédit mutuel ont à négocier, est accepté par les capitalistes, comme première valeur.

Les associés obtiennent ainsi, par leur réunion, un crédit auquel chacun d'eux ne pourrait jamais arriver individuellement; et ils ne payent pas ce crédit plus cher que les patrons les mieux réputés.

Les sociétés de crédit au travail reçoivent les fonds libres des associations, ceux qui proviennent des économies des ouvriers et des artisans, les font valoir, en les prêtant, ainsi que leur capital, aux associations et aux ouvriers, qui en ont besoin, contre des billets à échéances commerciales, en escomptant les billets pris en payement de leurs clients.

Leur capital se forme au moyen de petits versements, de cotisations portant intérêt, et qui donnent droit à un crédit égal aux versements.

De cette manière, l'associé est tout à la fois commanditaire et crédité.

Les associations de crédit mutuel font des avances, en nature, de matières premières, destinées à être travaillées par l'associé, d'outils, machines ou de prêts en espèces pour 3 à 6 mois, à 4 0/0.

Elles font des avances, sur dépôt de marchandises qui sont achetées par l'association, à un prix fixé, vendues six mois après, soit pour le compte de l'association elle-même, soit pour celui de l'associé; sans autres frais, qu'une faible commission pour frais de magasinage et de vente.

Le surplus provenant du produit de la vente appartient au sociétaire.

Les statuts généraux des associations de crédit mutuel définissent leur objet ainsi qu'il suit :

« Ces sociétés ont pour but :

1° De faciliter l'épargne aux associés et de former un capital collectif au moyen de cotisations hebdomadaires, que chaque associé s'engage à verser jusqu'à concurrence de son apport social;

2° De mettre les associés en état d'exploiter eux-mêmes leur industrie, en acquérant les instruments de travail, et en formant entre eux, une association de production, dès que le capital réuni sera suffisant pour commencer l'entreprise avec des chances raisonnables de succès ;

3° De faire aux associés des avances ou prêts, sur des valeurs souscrites, par eux-mêmes ou par des tiers ;

4° De recevoir en compte courant toutes sommes ou cotisations d'associés, ou de personnes aspirant à entrer dans la société. » (1)

Les institutions de crédit, en donnant un débouché aux épargnes, en les condensant pour en faire des instruments de travail, les associent au profit des possesseurs et de la société toute entière.

D'un autre côté, le crédit favorise l'épargne, il la stimule en la fécondant ; il contribue à l'accrois-

(1) L'*Association*, page 18.

sement et à la conservation des capitaux ou moyens de travail.

Aussi l'objet de ces associations est moins le crédit qu'elles ne font souvent qu'accessoirement et sous forme de prêt, que l'*épargne*, au moyen de cotisations hebdomadaires ou mensuelles, afin d'arriver à créer plus tard une société de production.

Le travail sans le capital, ne produit que des résultats insignifiants.

Le capital sans le travail, est stérile.

En réunissant l'un et l'autre, dans les mêmes mains, on remédie ainsi à l'antagonisme fâcheux, qui existe entre le capital et le travail ; de cette manière, au lieu d'être hostiles l'un à l'autre, ils se soutiennent et s'appuient mutuellement.

L'ouvrier apprend ainsi à connaître le rôle et l'importance du capital ; il comprend alors, à son grand avantage, que la richesse est le produit de l'intelligence fécondée par le travail.

La société parisienne de *crédit au travail* a réalisé son capital au moyen de 25 centimes par semaine.

C'est une banque de prêt et d'escompte, qui crédite les trois formes de l'association ouvrière : production, crédit mutuel, consommation.

Les associations Allemandes de crédit mutuel, fondées au moyen de cotisations mensuelles de 12 centimes 1/2, réalisent aujourd'hui, un mouvement annuel d'une centaine de millions.

Les *équitables pionniers* de *Rochedale*, quoique ayant commencé leur entreprise avec quelques francs, sont parvenus à fonder à eux seuls une filature de la valeur de deux millions.

Les associations de *crédit mutuel*, sont destinées à produire d'excellents résultats. Instituées entre petits fabricants ou commerçants de professions diverses, elles leur fournissent des facilités d'emprunt ou d'escompte qu'ils ne trouveraient point ailleurs. Elles remplacent le crédit accordé sur nantissement ou garantie, par le crédit *personnel* auquel les associés ont droit, par cela seul qu'ils font partie de l'association. Grâce à elles, tout honnête ouvrier d'une moralité reconnue, peut désormais emprunter à un taux raisonnable les sommes dont il a besoin. On verra ainsi l'usure disparaître dans un temps donné, ou du moins ne subsister que pour ceux qui n'auraient pas mérité de s'en affranchir.

L'association de crédit mutuel remplace avantageusement le banquier pour les petits commerçants ou fabricants ; mais aux salariés elle peut rendre des services plus efficaces. Formée entre travailleurs de la même profession, elle constitue, peu à peu, une épargne collective; et, lorsque cette épargne a atteint un chiffre suffisant, les membres de l'association peuvent acquérir, au moyen de leurs économies, la propriété de leurs instruments de travail, et former une association de production.

5° *Associations* de *prévoyance*, de *secours*, *d'as-*

surances mutuelles en cas de sinistres, d'accidents, etc., etc.

La société humaine doit étendre sa protection et sa tutelle, non-seulement sur le présent, mais encore sur l'avenir de ses membres.

S'il n'est pas possible à l'homme de se soustraire à tous les accidents, à tous les fléaux qui menacent sa personne, sa famille, sa propriété, du moins il peut les prévoir; il peut les combattre quelquefois avec succès, ou en atténuer considérablement les fâcheux effets.

Tel est l'objet des *associations* de *secours*, de *prévoyance*, *d'assurances* contre les sinistres, l'incendie, la grêle; sur la vie en cas de mort.

Les ressources que l'association et la prévoyance publique pourraient créer, qu'elles pourraient accumuler pour l'avenir, dans le but de détruire le paupérisme et la misère, pour faire face aux sinistres et aux accidents prévus ou imprévus qui frappent l'humanité, ces ressources sont immenses, et d'une puissance vraiment incalculable.

Les associations de prévoyance seront un jour, nous n'en doutons pas, la providence des familles, de l'agriculture et de l'industrie.

Les *associations* de *garantie* contre les dommages causés par les sinistres de toutes sortes, les *assurances mutuelles*; car, c'est ainsi qu'on les nomme, si elles étaient généralisées, étendues à tous les objets qui en sont susceptibles, si elles étaient rendues obligatoires pour toutes les personnes et toutes les choses, auraient l'avantage d'indemniser chacun, des pertes qu'il pourrait subir par suite de divers sinistres ou accidents; et cela, au moyen de très légers sacrifices de la part de l'ensemble des associés. Il devrait être prescrit à tous et *obligatoire* pour tous :

1° D'assurer mutuellement leurs maisons et leur mobilier contre l'incendie;

2° Leurs récoltes contre la grêle, leurs bestiaux contre les épizooties (etc.);

3° Leur vieillesse contre l'indigence et le besoin;

4° L'avenir des enfants, leur position, en cas de mort du père ou de la mère de famille, etc.

La *mutualité* peut s'appliquer et s'étendre d'une manière merveilleuse à tous les besoins de la vie, et se multiplier sous toutes les formes.

Assurances. Le chiffre moyen annuel des sinistres causés par les incendies, en France, est évalué à 22 millions de francs.

Or, comme la totalité des valeurs assurables en France contre l'incendie, est estimée à 140 milliards, il en résulte qu'une prime moyenne annuelle de 16 centimes pour mille francs, suffirait pour couvrir les 22 millions de sinistres et indemniser ceux qui en sont victimes.

D'après un compte rendu à la société d'assurances mutuelles de la ville de Metz pour l'année 1841; les sommes payées pour sinistres pendant cette année, ont été seulement de 4 centimes 4 millièmes pour mille francs de valeurs assurées; et dans une période de 10 années de 1820 à 1830, les primes ne s'étaient élevées qu'à 1 franc 65 centimes pour les dix années, soit une moyenne de 16 centimes 1/2 pour mille francs.

Les fonds de réserve des sociétés d'assurances mutuelles, contre l'incendie, s'élèvent aujourd'hui à plusieurs millions, quoique les primes soient généralement peu élevées. Mais ce sont les compagnies et non les assurés qui en profitent.

Assurances sur la vie en cas de décès. — Économies. — Placements en faveur des enfants, etc.

Le père de famille sans fortune, les employés, les ouvriers qui vivent de leurs places, ou du produit journalier de leur travail; les hommes qui exercent des professions libérales, qui n'ont point de patrimoine ni de revenu fixe; avocats, médecins, professeurs, artistes, hommes de lettres; les marins, les voyageurs (etc), en un mot, toutes les personnes qui sont exposées, dans le cas où elles viendraient à mourir prématurément, à laisser leurs femmes et leurs enfants sans moyens suffisants d'existence; le débiteur honnête, momentanément insolvable, mais qui veut mettre son créancier à l'abri de toutes chances de pertes et d'inquiétudes; le jeune homme auquel ses parents, ses amis, ont prêté des fonds pour lui faire une carrière scientifique ou administrative, etc., tous en un mot, doivent avoir recours à cette admirable et providentielle combinaison d'assurances et de garanties mutuelles, qui leur donnera les moyens d'assurer leur avenir sans compromettre la fortune d'autrui.

Un fils, seul appui de ses vieux parents, qui ont sacrifié toute leur fortune pour lui faire une position, craint de mourir avant eux et de les laisser sans ressources. Il contracte une assurance qui le délivre de ses inquiétudes et garantit à ses parents, moyennant une prime annuelle de 116 francs, une rente viagère de 1000 francs, pour le cas où, l'ordre habituel de la nature serait interverti, et où il viendrait à mourir le premier.

Un versement annuel de 15 francs, commencé à 30 ans, avec réserve du capital, et continué jusqu'à 60 ans, produirait à cette époque une rente viagère de 542 francs. Et en outre, le capital des sommes versées est intégralement remboursé aux ayant droits, au décès du titulaire.

Il suffit de verser une seule fois 150 fr. sur une tête de trois ans, pour assurer à l'enfant, lorsqu'il aura atteint l'âge de 60 ans, une rente viagère de 420 francs (capital aliéné).

Un impôt de 5 fr. par an, établi sur tous les individus de l'âge de 21 à 55 ans, assurerait au moyen de combinaisons tontinières, à chacun des survivants nécessiteux de l'âge de 60 ans. (Un nécessiteux sur 6 des survivants :

Ou une rente viagère annuelle de 477 fr. (Capital aliéné), ou un capital de 4,770.

Un franc versé tous les ans dans une caisse de prévoyance pendant 60 ans, produirait avec les intérêts capitalisés la somme de 358 fr.

On aura déboursé seulement 60 fr.

Dix francs, déposés chaque année de la même manière, produiraient un capital de 3,580 ou une rente viagère de 360 fr. (capital aliéné).

On aura déboursé seulement 600 francs.

20 fr. placés de même produiraient un capital de 7,160.

On aurait déboursé seulement 1200 fr.

Si un père de famille avait versé, il y a 150 ans, la somme de cent francs une fois payés, dans une caisse de prévoyance, en faveur de ses arrière petits-enfants, ceux-ci toucheraient aujourd'hui, la somme de 102 mille 400 francs.

Si lors du baptême de chaque enfant nouveau-né, les parrains et marraines, déposaient à une caisse de prévoyance la somme de *dix* francs, chaque nécessiteux, survivant à l'âge de 60 ans, (nous comptons un nécessiteux sur *cinq* individus de l'âge de 60 ans et plus), se trouverait posséder un capital de 4,370 fr. ou une rente viagère (capital aliéné), de 437 francs.

On ne connaît pas assez les immenses ressources, que la prévoyance et les assurances généralisées pourraient produire pour le bien-être à venir des familles peu fortunées.

Les différentes mesures d'économie sociale que nous venons d'indiquer :

En répandant l'instruction dans les masses ;

En organisant le travail ;

En favorisant l'épargne ;

En imposant la prévoyance ;

En créant l'association et la mutualité entre tous les citoyens ;

En procurant du bien-être et de l'aisance aux classes pauvres de la société ;

En les moralisant et en les élevant ;

Auraient pour résultat nécessaire de diminuer considérablement les crimes et délits, qui ont pour cause l'ignorance et la misère, et par conséquent de diminuer le nombre des coupables, contre lesquels les lois ont à sévir.

CONCLUSIONS.

Rendre le coupable corrigé, moralisé, amélioré, à ses affaires, à sa famille et à la société, dès qu'il peut y rentrer sans danger pour elle; en faire un homme utile et honnête, en état de se suffire à lui-même, au lieu d'être à la charge du public; prévenir les crimes et délits par l'éducation et l'instruction, l'épargne, la prévoyance et la mutualité; tels sont les points principaux sur lesquels repose l'économie de notre système pénitentiaire.

Les résultats que nous venons d'indiquer seront obtenus à l'aide des moyens suivants :

A. *L'isolement* ou la *séparation complète, absolue de jour et de nuit*, des prisonniers entre eux, pendant une durée de un à quatre mois.

C'est un fait généralement reconnu et admis, que le contact des prisonniers entre eux, les pervertit, les démoralise ; et qu'après leur libération, ils se retrouvent, s'associent pour faire le mal et qu'ils deviennent des récidivistes.

Il faut donc séparer tous les condamnés les uns des autres, les isoler, éviter toute espèce de communication entre eux.

Dès lors, point de relations, point de contact

entre les malfaiteurs, point de reconnaissance après leur libération.

Selon nous, il n'y a point de réforme possible, point d'amélioration, à espérer, sans la séparation complète, absolue des hommes condamnés et pervertis; c'est une condition *sine quâ non*.

B. Mais comme la détention solitaire, la cellule est une aggravation notable de la pénalité; qu'étant prolongée, au delà, d'une certaine limite, elle peut porter atteinte aux forces physiques, morales ou intellectuelles des détenus, il convient d'abréger et de diminuer la durée de l'emprisonnement cellulaire.

Quelques semaines ou quelques mois de détention solitaire, au lieu d'années, sont un temps bien suffisant pour corriger les hommes susceptibles de l'être, surtout, lorsque l'on y joint les instructions morales quotidiennes, que nous jugeons nécessaires et indispensables.

La diminution de la durée de la détention aura l'avantage de tenir le condamné pendant moins longtemps éloigné de sa famille; il n'en résultera pour lui qu'une courte interruption dans son travail, ses affaires, et par conséquent, peu de dommages; sa santé n'en sera point altérée, son avenir ne sera point détruit ; enfin l'Etat fera de cette manière une économie des neuf dixièmes sur les frais de répression.

D'un autre côté, il y aura moins de crimes et de délits qui resteront impunis; parceque le jury qui recule toujours, et le plus souvent avec raison, devant la sévérité excessive des peines portées par nos codes, deviendra moins indulgent et moins timoré, lorsqu'il saura que la détention est de courte durée, qu'elle a pour but principal d'améliorer et d'amender les détenus.

C. *Education. Moralisation.* Au moyen d'instructions orales, de lectures *quotidiennes* faites aux prisonniers par des préposés ou des *instructeurs* spéciaux, qui leur feront étudier, copier ou réciter de mémoire, commenter des sentences, et des maximes de morale appropriées à leur situation; par les conseils, l'influence et les visites fréquentes faites par les directeurs, les pasteurs, les aumôniers, les parents, par des préposés officiels, des notables, des membres des sociétés de patronage, etc.

Le condamné devant rentrer dans la société à l'expiration de sa peine, ou à sa libération, il est nécessaire, pendant la durée de sa détention, d'employer *tous les moyens possibles* pour le ramener au bien, l'améliorer et l'instruire de ses devoirs envers les autres.

Il est d'autant plus important et nécessaire de donner avec grand soin, l'instruction et l'éducation morale, que la détention aura une plus courte durée.

D. *Travail obligatoire.* Le travail est l'une des

bases de notre système; il est tout à la fois moralisateur, consolateur, et même productif pour les détenus, dont il améliore la position; de plus, il peut indemniser l'Etat d'une partie de la dépense qu'il est obligé de faire pour l'entretien des condamnés.

Le travail a l'avantage d'occuper utilement les détenus, de les distraire et d'employer leur temps.

Il faut obliger tous les prisonniers au travail; celui-ci doit être approprié à leurs aptitudes, à leurs dispositions naturelles, à leurs forces; il doit avoir pour objet principal de moraliser les coupables, de les éduquer. La durée de la détention dans notre système devant être considérablement abrégée, les profits matériels du travail, se réduiront à peu de chose; il faut avoir en vue surtout le profit moral.

Le prisonnier doit travailler *seul*, dans sa chambre et non point dans des ateliers communs.

Les profits du travail seront divisés en deux parts : l'une pour indemniser l'Etat d'une partie de la dépense que lui occasionne la détention du prisonnier; l'autre, destinée à former un pécule au moyen duquel celui-ci pourra vivre et s'entretenir, pendant quelque temps, en attendant qu'il ait trouvé un emploi.

E. *Mise en liberté conditionnelle ou provisoire.* Sous la protection et le patronage officieux des autorités, du juge de paix ou du maire du chef-lieu du canton, dans lequel le libéré, sous condition, établira sa résidence; les grandes villes exceptées.

Cette liberté conditionnelle présente le grand avantage de rendre immédiatement à la société, les hommes repentants, qu'une courte détention aura déjà corrigés et améliorés; c'est-à-dire près des 3/4 des condamnés.

L'administration devra prendre les mesures nécessaires, pour que les libérés trouvent immédiatement du travail et un placement assuré, surtout à la campagne, où ils seraient occupés à des travaux d'agriculture, de jardinage; et enfin qu'ils puissent vivre honnêtement de leur travail.

F. *Régime intérieur des établissements pénitentiaires.* On doit considérer les établissements pénitenciers comme des hôpitaux ou des infirmeries dans lesquels on soigne des malades atteints d'infirmités morales. Par conséquent, le régime sera doux et humain, quoique sévère; après un certain délai on accordera au détenu comme récompense, l'autorisation d'écrire ou de communiquer avec sa famille.

Nourriture. — Saine, commune, frugale : du pain et de l'eau. — Suppression absolue de la cantine, du denier de poche, de la vente du vin, eau-de-vie, tabac à priser ou fumer; des jeux dans l'intérieur de la prison.

Notes. — Registres de notes dans lesquels seront inscrites les punitions, les récompenses, ainsi que les actes du prisonnier, susceptibles d'abréger ou d'accroître la durée de sa captivité.

Punitions. — On emploiera d'abord les moyens de douceur ; les bons conseils, etc., sans cependant enlever aux punitions le caractère qu'elles comportent.

Les punitions corporelles seront rares et infligées seulement d'après la décision des supérieurs aux individus indociles ou incorrigibles.

Quant aux récidivistes, même régime, plus sévère et plus rigoureux. — Intimidation ; emploi des moyens répressifs, correctifs, moraux et même physiques, susceptibles d'agir plus efficacement sur le prisonnier. — Finalement : déportation ; colonisation à l'étranger.

G. *Prévenir les crimes* : — En répandant parmi les classes populaires, l'instruction et surtout l'éducation ; la connaissance des devoirs sociaux auxquels tous les hommes sont obligés envers leurs semblables; en multipliant les institutions de prévoyance, d'économie ; d'assurances, d'assistance mutuelle, qui ont pour objet de prévenir la misère ou d'en atténuer les effets.

Le système que nous proposons concilie et sauvegarde tout à la fois le respect dû à la morale, les égards dus à l'humanité, les droits et les de voirs de la société, ainsi que ceux des condamnés eux-mêmes, enfin les intérêts du trésor public par l'économie matérielle qui en résulte ;

De la morale, en enseignant au coupable ses devoirs envers les autres ; de la justice, en lui infligeant un châtiment mérité ; de la société en le préservant de la contagion du vice ; de l'humanité en le traitant avec douceur, en l'instruisant, le moralisant, en lui accordant, aussitôt qu'il le mérite, sa liberté conditionnelle ; en le renvoyant corrigé et amélioré ; en lui procurant enfin les moyens de vivre honnêtement de son travail. après sa libération.

RÉSUMÉ.

1° *Séparation complète* et *entière*, mais de *courte durée*, de tous les détenus entre eux.

2° *Education* et instruction morale et religieuse obligatoires.

3° *Travail isolément*, et non en commun.

4° *Mise en liberté conditionnelle* des prisonniers qui seront dignes de cette faveur.

5° *Régime sévère*, mais humain.

6° Prévenir la criminalité par l'éducation morale obligatoire pour tous les citoyens ; par des institutions d'économie sociale, d'épargnes, de prévoyance et d'assistance mutuelle.

Voilà en quoi consiste notre système : Tous les éléments dont il se compose se tiennent, se lient, et s'enchaînent : c'est un ensemble, *un tout*, qu'il faut adopter ou rejeter dans son entier.

OUVRAGES CONSULTÉS.

ASSOCIATION INTERNATIONALE pour le progrès des sciences sociales. — Congrès d'Amsterdam, de Berne.

ASSOCIATION (L'). Journal.

AUBANEL. Rapports au ministre. — Mémoire sur le système pénitentiaire.

AYLIÈS. Du système pénitentiaire et de ses conditions.

BERENGER. Des moyens du système pénitentiaire. — Des moyens de généraliser le système pénitentiaire.

BLOCK. Statistique de la France.

BLOUET. Rapport au ministère.

BONNET (le Dr). Congrès scientifique de Bordeaux.

BRIÈRE DE BOISMONT. Mémoire sur l'aliénation.

CHAVANNE. Notice sur le Pénitencier de Lausanne.

COCHIN (père). De l'extinction de la mendicité.

COCHIN (fils). De la condition des ouvriers Français.

COINDET (le Dr). Hygiène des condamnés.

CONGRÈS, ASSOCIATION internationale des sciences sociales à Berne, 1865, — d'Amsterdam.

CONGRÈS SCIENTIFIQUE. France. — Tours. — Bordeaux, 1861.

CRAWFORT et RUSSELL. Rapports.

DARIMON. Revue contemporaine.

DE GÉRANDO. Le visiteur du pauvre.

DEMETZ. Rapport au ministre de l'intérieur, 1837. — Lettres sur le système pénitentiaire.

DIARD. Notice sur la statistique morale de Guerry.

DOUBLET DE BOISTHIBAULT. Du régime cellulaire.

DUCPETIAUX. Rapport.

DUPIN. (Ch.) Caisses d'épargnes.

DUPIN. Législation criminelle.

FOUCHER (Victor). De la réforme des prisons.

FRY (Mme). Lettres à M. Berenger.

GANDON (Constantin, le Dr). Aperçu sur les colonies agricoles pénitentiaires.

GOSSE (le Dr.) Examen médical du système pénitentiaire.

GRELLET WAMMUY. Manuel des prisons.

GUERRY. Statistique morale de la France et de l'Angleterre.

GUILLOT. Rapport.

HOWARD. Etat des prisons.

JULIUS (le Dr). Système pénitentiaire.

LAROCHEFOUCAULD-LIANCOURT (le duc). Rapport à la Société des prisons. — Prisons de Philadelphie. — Paris, Agasse, an VIII.

LAROCHEFOUCAULD-LIANCOURT (le marquis). — Examen de la théorie et de la pratique du système pénitentiaire (in-8° 1840).)

HELIE (Faustin). Histoire de la procédure criminelle.

LUCAS (Charles). Théorie du système pénitentiaire. — Appendice à la théorie de l'emprisonnement pénitentiaire. — Communications.

MARQUET WASSELOT. Théories pénitentiaires.

MARTIGNAC. Rapport au roi.

METTRAY Néerlandais.

MINISTRE DE LA JUSTICE. Comptes rendus de la justice criminelle.

MOREAU (Christophe). Rapport au ministre. — De la réforme des prisons. — De la mortalité et de la folie. — De l'état actuel des prisons en France, 1837.

PARINGAULT. De l'administration de la justice criminelle en France. — Réforme de la législation sur la liberté provisoire.

REVUE Contemporaine.

ROSSI. Traité de droit pénal.

RONND. Notice sur le Pénitencier de Lausanne.
SERVIN. De la procédure criminelle.
SIÈCLE. — Journal. — Divers documents.
SOCIÉTÉ de patronage des jeunes détenus.
SOCIÉTÉ des jeunes libérés.
SOCIÉTÉ d'économie sociale. — Journal.
SOCIÉTÉ de la MORALE chrétienne. — Journal.
STATISTIQUE des prisons et des établissements pénitentiaires (France) pour l'année 1865.
TOCQUEVILLE (Alexis) et GUSTAVE de BEAUMONT — Système pénitentiaire.
VILLERMÉ. Des prisons.
VINGTRINIER. Des prisons et des prisonniers.

TABLE DES MATIÈRES.

Paris. Imprimerie Moquet, rue des Fossés-Saint-Jacques, 11.

OUVRAGES DU MÊME AUTEUR QUI SE TROUVENT DANS LES MÊMES LIBRAIRIES.

Etudes médicales, scientifiques et statistiques sur les principales sources d'eaux minérales. — Prix . . . . 4 fr. 50 c.

De l'acide carbonique, de ses propriétés physiques, chimiques et physiologiques; de ses applications thérapeutiques comme anasthésique, désinfectant, cicatrisant, résolutif, etc. — Prix. . . . . 6 fr.

Du raisin et de ses applications thérapeutiques; études sur la cure aux raisins. — Prix. . . . . 3 fr. 50 c.

Recherches économiques sur le son ou l'écorce du froment. — Broch . . . . 1 fr

Mémoire sur divers insectes nuisibles à l'agriculture, in-8· av. planches — Prix. . . . . 2 fr.

Considérations agricoles sur l'importation des bestiaux étrangers en France. — Prix. . . . . 1 fr.

Sur la désinfection des matières fécales au moyen du plâtre et du charbon; sur les avantages de cet engrais, et sur la possibilité de supprimer les fosses d'aisances dans la ville de Paris. (Extrait du Bulletin de la Société d'encouragement, 1849). in-4·. — Prix. . . . . 2 fr.

De l'avoine considérée comme substance alimentaire pour l'homme. . . 1 fr.

Sur l'alucite, ou teigne des blés. — Prix . . . . 1 fr.

Des causes morales de l'insuffisance et de la surabondance périodiques de la production du blé en France. . . . . 2 fr.

Quelques mots sur le crédit agricole et la réforme du régime hypothécaire. — Prix. . . . . 1 fr.

Sur le déplacement ou l'échange des Enfants-Trouvés et la suppression des tours d'arrondissement. — Prix. . . . . 1 fr.

Sur la création en France d'un grand réseau de voies ferrées ou de communication à vapeur, départementales et vicinales. — Prix. . . . . 1 fr.

Rapport sur les progrès et l'état actuel de l'instruction primaire en Espagne (1864). — Prix. . . . . 1 fr.

Paris Imp. Moquet rue des Fossés-St-Jacques, 11.

www.ingramcontent.com/pod-product-compliance
Ingram Content Group UK Ltd.
Pitfield, Milton Keynes, MK11 3LW, UK
UKHW020554230726
13926UKWH00005B/2005

9 782013 565011